ARMORIAL GÉNÉRAL

DE

L'ANJOU

D'APRÈS

LES TITRES ET LES MANUSCRITS DE LA BIBLIOTHÈQUE NATIONALE,
ET DES BIBLIOTHÈQUES D'ANGERS, D'ORLÉANS, ETC.
LES MONUMENTS ANCIENS,
LES TABLEAUX, LES TOMBEAUX, LES VITRAUX, LES SCEAUX,
LES MÉDAILLES, LES ARCHIVES, ETC.

PAR

M. Joseph DENAIS

OFFICIER D'ACADÉMIE,

Chevalier de l'ordre pontifical de Saint-Grégoire-le-Grand,
Membre de la Commission Archéologique de Maine-et-Loire, de la Société des Antiquaires de l'Ouest,
des Antiquaires de Normandie, des Sociétés historiques et archéologiques du Maine,
de Touraine, du Limousin, etc.

DIXIÈME FASCICULE

ANGERS

GERMAIN ET G. GRASSIN, IMPRIMEURS-LIBRAIRES
RUE SAINT-LAUD.

1881

L'auteur de l'Armorial voudrait avant tout faire une œuvre consciencieuse, exempte, s'il était possible, d'omissions et d'erreurs. Il s'adresse à toutes les familles qui ont le droit de voir figurer leur nom dans cette publication, à tous les amis de l'histoire et de l'archéologie de notre province, les priant instamment de lui envoyer le plus tôt possible les renseignements, — et, s'il y a lieu, les rectifications; — qu'ils pourraient lui fournir et qu'il recevra toujours avec gratitude.

J. D

Juglard (de) de Forgeais.

D'argent à un pal de sable écartelé de sable à un pal d'argent.

D'Hozier, mss., p. 1511. — Mss. 439.

Juigné (de).

D'argent à trois fasces de sable.

D'Hozier, mss., p. 1194.

D'or à une croix de gueules.

D'Hozier, mss., p. 1197. — V. Le Clerc. — Boucault. — du Plessis. — Varice. — de Conquessac.

Juigné (de) de Chandre, — de Beauchesne, — du Parvis, — de l'Aubinaye, — de Brain-sur-Longuenée, — de la Raguenière, — de Villemorge, — de Molières, — de la Jaille, — de Monguillon, — de la Brossinière ; — dont Henry, chevalier de Malte en 1664.

D'argent au lion de gueules armé, couronné et lampassé d'or.

Mss. 995, p. 95. — Mss. 703. — Roger, mss. 995, p. 8. — Gohory, mss. 972. p. 7. — Gencien, mss. 996, p. 45. — D'Hozier, mss., p. 83, dit : *le lion couronné de gueules.* — Audouys, mss. 994, p. 97, dit comme Courcelles, (Dictionnaire de la Noblesse) : *la tête du lion d'or.*

Juigné-Béné (de), v. des Aubiers. — des Aubus.

Devise : *Salvum Deus faciet.*

Juigné-Béné (le prieuré de).

D'azur à un lion d'or.

D'Hozier, mss., p. 915.

Juillé (de), v. le Fay. — Lefebvre. — de Garsalan.

Julien (de), v. de Meguyon.

Jumeaux (de), v, de Couhé. — Le Jumeau.

Jumellière (de la) de Martigné-Briand, — de Blaison, — de la Guerche ; — dont Guillaume, chevalier du Croissant.

Fascé d'argent et d'azur chargée d'une croix ancrée de gueules brochant sur le tout.

Cette maison écartelait : *De gueules à trois quintefeuilles d'hermines*, qui est d'Ancenis ; *le heaume d'or ; le bourrelet et le mantelet de ses couleurs armoriales.*

Supports : *Deux lions d'or lampassés de gueules.*

Cimier : *Une tête et col de bouc cantonnée au naturel, accolé, lampassé de gueules et allumé d'argent.*

Gaignières, Armorial mss., p. 10. — Audouys, mss. 994, p. 97. — Gencien, mss. 996, p. 45. — Mss. 993. — Mss. 995, p. 84. — Les Mss. 993 et 999 disent : *la croix ancrée de sinople et aux deux et trois de sinople à trois quintefeuilles d'hermines.* — Audouys, p. 97, dit encore, ainsi que Roger, p. 17 : *D'argent à la croix pattée de gueules à trois jumelles de sable brochant sur le tout.* — Le tombeau de René de la Jumellière, 1519, église de Saint-Aubin de Luigné, porte : *écartelé aux un et quatre de... à une croix à triple croisillon ancrée de, aux deux et trois de... à trois roses de... posées deux et une...* et Gohory, mss. 972, p. 117, dit : *D'argent à huit burelles d'azur chargées d'une croix ancrée de gueules.*

Jumellière (de la), v. Barjot. — de Montjean. — du Vau. — Planchefort. — Bazouges.

Jumeray (de), v. de Jameray.

Jumeraye (de la), v. Fleuriot. — du Rateau.

Jupellière (de la), v. de Houllières.

Jupilles (de).

D'argent à trois bandes de sable écartelé au deuxième d'azur à trois colonnes d'or rangées en pal, qui est Poyet.

Audouys, mss. 994, p. 98. — V. Poyet.

Devise : *Utinam virtus tenet juncta nobili animo mente !*

Jussel, v. de Chantocé.

Jusson (de), v. Binet.

Juvigné (de), v. de la Corbière.

K

Karadec (de) ; — dont Raoul, professeur de l'Université d'Angers, député de l'Assemblée de France en 1394.

Kent (de) ; — dont Jean, légat du Saint-Siège, professeur à l'Université d'Angers en 1229.

Les Holland de Kent portaient :

D'azur semé de fleurs de lis d'argent, au lion de même sur le tout.

P. Anselme, 1726, tome I, p. 453.

Kergolin (de) ; — dont Jean-Baptiste, provincial des Cordeliers de Touraine, mort à Angers en 1749.

Kergroadez (de).

Fascé d'argent et de sable de six pièces.

Gohory, mss. 972, p. 117.

Kermainguy (de Cillart de), — de Villeneuve, — de Lezerec, — de Keranstivel, — des Landes, — de Coutarsant, — de Kersalion, — de Mezanroux, — de Pratilly ;

— dont Eudon, écuyer de Charles de Blois en 1346 ; un chef d'escadre en 1786 ; un brigadier d'infanterie en 1780 ; un colonel en 1876.

De gueules au greslier d'argent enguiché de même en sautoir.

Devise : *Mon cor et mon sang.*

Sceau. — Borel d'Hauterive, Annuaire de la Noblesse de France, p. 176. — Pître Chevalier : La Bretagne ancienne et moderne, p. 181. — De Courcy, Arm. de Bretagne.

Kernadiau (de), v. de Pierre.

Kernaeret (Chauveau de) ; — dont un camérier du Pape, professeur à l'Université catholique d'Angers en 1880.

D'azur au léopard passant d'or, le chef d'argent chargé de trois étoiles de gueules.

Sceau, D. P.

Kernevenoy (de) ; — dont François, gouverneur du roi Henri III.

Vairé d'or et de gueules au canton d'argent chargé de cinq mouchetures d'hermines posées en sautoir.

Mss. 703 de la Bibliothèque nationale.

Kersabiec (de), v. Siochan.

L

Labbé.

De gueules à quatre fusées d'argent en fasce.

D'Hozier, mss., p. 868.

Lac (du).

D'argent à la fasce d'azur chargée d'une étoile d'or.

Roger, mss. 995, p. 4. — Audouys, mss. 994, p. 109. — V. de Maumeschin.

La Flèche (la ville de), en Anjou (actuellement comprise dans le département de la Sarthe).

De sinople à une bande d'or, écartelé d'or à un pal de sinople.

D'Hozier, mss., p. 1532. — M. Charles de Montzey, Hist. de La Flèche, 1878, tome II. pp. 265 et 49, croit que ce sont là les anciennes armes de la ville de La Flèche ou plutôt de la baronnie de La Flèche, mais, à notre avis, ce sont plutôt des armoiries de fantaisie attribuées d'office, comme cela s'est produit souvent de 1696 à 1702 ; la ville portait cependant au siècle dernier (voir une gravure xviiiᵉ siècle, mss. 993) les armes suivantes, que l'Armorial général mss. donne au corps des officiers de l'hôtel de ville et que M. de Montzey dit avoir été données à l'hôtel de ville au moment de son érection en 1615. — V. Chamaillart. — de Beaumont. — Fouquet.

Le corps des Officiers de l'hotel de ville de La Flèche (armoiries actuellement portées par la ville de la Flèche).

De gueules à une flèche d'argent posée en pal, la pointe en haut, accostée de deux tours crénelées chacune de quatre pièces aussi d'argent et un chef d'azur chargé de trois fleurs de lis d'or et soutenu d'or.

D'Hozier, mss., p. 468.

Le Présidial de La Flèche, établi en 1595.

D'azur à trois fleurs de lis d'or posées deux et une.

De Montzey, tome II, p. 265.

Le corps des Officiers de la maréchaussée de La Flèche.

D'azur à deux mousquetons d'argent passés en sautoir.

D'Hozier, mss., p. 1410.

La communauté des Avocats et Procureurs de l'élection de La Flèche.

D'argent à une robe de sable et un chef d'azur chargé d'une fleur de lis d'or.

D'Hozier, mss., p. 1428.

Le corps des Officiers du baillage de La Flèche.

D'argent à un chevron de gueules et un chef de sable chargé de trois flèches d'argent.

D'Hozier, mss., p. 1424.

Le couvent des Religieuses de la Visitation, Sainte-Marie, de La Flèche.

D'or à un cœur de gueules sommé d'une croix de sable, au pied fiché dans l'oreille du cœur qui est percé de deux flèches d'or empennées d'argent passées en sautoir au travers du cœur chargé d'un nom de Jésus et de Marie d'or, le tout enfermé dans une couronne d'épines de sinople, les épines ensanglantées de gueules.

D'Hozier, mss., p. 339.

Le prieuré de Saint-André de La Flèche.

D'or à un sautoir de sable chargé de quatre clous d'argent, un à chaque extrémité.

D'Hozier, mss., p. 1404. — M. de Montzey, tome II, p. 267, dit : *trois clous...*

Le prieuré de Saint-Thomas de La Flèche.

De gueules à une croix d'argent accompagnée de quatre croissants de même.

D'Hozier, mss., p. 1386.

Le prieuré de SAINT-JACQUES de La Flèche, fondé vers 1130-
1140.

D'azur semé de fleurs de lis d'or, chargé en cœur d'un écusson d'or
à trois cœurs de gueules surchargés de trois fleurs de lis d'or.

De Montzey, tome II, p. 267.

Le couvent des RELIGIEUSES DE SAINT-FRANÇOIS de la ville de
La Flèche.

D'argent à une croix alaisée d'azur et un chef de gueules chargé
de deux étoiles d'or.

D'Hozier, mss., p. 1385. — M. de Montzey, tome II, p. 267, dit :

D'azur à une croix de bois et deux bras croisant sur la croix,
l'un nu et l'autre vêtu d'une manche grise.

Les CORDELIERS de La Flèche, lesquéls établis en 1488, quittèrent
la ville en 1604, remplacés par les Récollets.

D'azur à une annonciation d'or.

De Montzey, tome II, p. 267. — Mss. 784 de la Bibliothèque
d'Angers. — Un sceau du xv⁰ siècle, à M. Hucher, du Mans,
porte un saint Sébastien attaché à une colonne et percé de flèches.

Les CARMES de La Flèche.

Chappé de sable et d'argent à trois étoiles de l'un en l'autre,
posées deux et une.

De Montzey, tome II, p. 267.

Les RELIGIEUSES PÉNITENTES DE LA MAGDELAINE DE L'ORDRE DE
SAINT-AUGUSTIN, à La Flèche.

De... à une vierge tenant l'enfant Jésus dans ses bras, accostée
à droite d'un saint Jean, à gauche d'un saint Augustin de... et
en chef d'une sainte face de... et en pointe d'une aigle de sable.

De Montzey, tome II, p. 267.

Le couvent des RELIGIEUSES DU PETIT-FONTEVRAULT de la ville
de La Flèche.

D'or à un soleil de gueules et un chef d'azur chargé de trois fleurs
de lis d'argent.

D'Hozier, mss., p. 1384 — M. de Montzey, tome II, p. 267,
dit : *chargé en chef de trois fleurs de lis d'or.*

Le couvent des Religieuses de Notre-Dame de la ville de La Flèche, dites de l'Ave Maria.

D'argent à un cœur de sinople couronné de gueules.

D'Hozier, mss., p. 1384. — De Montzey, t. II, p. 267, dit :

D'azur à un nom de Marie d'or.

Les Jésuites du collège royal de La Flèche, établis en 1603.

D'azur à un nom de Jésus d'or entouré de rayons de même.

Devise : *Ad majorem Dei gloriam.*

De Montzey, tome II, p. 267.

Le Collège royal de La Flèche.

D'azur à trois fleurs de lis d'or.

De Montzey, tome II, p. 267.

Les Pères de la Doctrine chrétienne qui succédèrent aux Jésuites au collège de La Flèche, portaient pour armes :

De... à trois montagnes de... surmontées d'une croix de calvaire accompagnée d'une éponge et d'un fouet de...

De Montzey, tome II, p. 267.

La communauté des Notaires de la ville de La Flèche.

D'azur à une foi d'argent, qui est deux mains se tenant ensemble.

D'Hozier, mss., p. 1433.

La communauté des Avocats de la ville de La Flèche.

Taillé, tranché d'argent et de sable, à un bonnet carré de l'un en l'autre.

D'Hozier, mss., p. 1434.

La communauté des Orfèvres de la ville de La Flèche.

D'azur à trois assiettes d'argent posées deux et une.

D'Hozier, mss., p. 1426.

La communauté des Droguistes, Ciriers et Chandeliers de la ville de La Flèche.

De sable à une ruche d'argent accompagnée de deux chandelles de même.

D'Hozier, mss., p. 1434.

La communauté des Libraires et Imprimeurs de la ville de La Flèche.

De Venise, qui est : de gueules à un lion ailé d'or tenant un livre ouvert d'argent, et une bordure d'argent.

D'Hozier, mss., p. 1425. — M. de Montzey, p. 266, t. II, dit :

De sable à un livre d'argent...

La communauté des Apothicaires de la ville de La Flèche.

De gueules à un mortier avec son pilon d'argent.

D'Hozier, mss., p. 1411.

La communauté des Chirurgiens de la ville de La Flèche.

D'azur à un saint Cosme et un saint Damien d'or, et une flèche de même couchée en pointe.

D'Hozier, mss., p. 752.

La communauté des Tanneurs, Corroyeurs et Mégissiers de la ville de La Flèche.

D'azur à une toison d'argent.

D'Hozier, mss., p. 1435.

La communauté des Bouchers de la ville de La Flèche.

De sinople à une tête de bœuf d'or.

D'Hozier, mss., p. 1434.

La communauté des Maçons tailleurs de pierres de la ville de La Flèche.

D'azur à deux truelles d'argent.

D'Hozier, mss., p. 1434.

La communauté des MARÉCHAUX-FERRANTS ET TAILLANDIERS de la ville de La Flèche.

De gueules à une enclume d'or.

D'Hozier, mss., p. 1434.

LA communauté des TAILLEURS D'HABITS de la ville de La Flèche.

De gueules à une paire de ciseaux d'or, couronnés de même.
D'Hozier, mss., p. 1431.

La communauté des TISSIERS ET FILASSIERS de la ville de La Flèche.

D'azur à une croix d'or accompagnée de quatre navettes de tisserand d'argent.
D'Hozier, mss., p. 1431.

La communauté des SERGERS ET CARDEURS de la ville de La Flèche.

De gueules à une carde de cardeur d'argent.
D'Hozier, mss., p. 1430.

La communauté des MENUISIERS de la ville de La Flèche.

De gueules à un maillet d'argent accompagné de trois rabots de même posés deux et un.
D'Hozier, mss., p. 1427.

La communauté des POULAILLIERS de la ville de La Flèche.

De gueules à une cage de volailles d'argent, accompagnée de trois coqs d'or posés deux et un.
D'Hozier, mss., p. 1427.

La communauté des CABARETIERS de la ville de La Flèche.

D'azur à un tonneau d'or accompagné de trois tasses d'argent.
D'Hozier, mss., p. 1426.

La communauté des ARQUEBUSIERS ET COUTELIERS de la ville de La Flèche.

D'azur à une platine de fusil d'argent accompagnée de trois rasoirs de même, deux en chef et un en pointe.
D'Hozier, mss., p. 1424.

La communauté des SERRURIERS de la ville de La Flèche.

De sable à une clef d'or couronnée de même.
D'Hozier, mss., p. 1423.

La communauté des SELLIERS ET BOURRELIERS de la ville de La Flèche.

D'or à une selle de cheval d'azur.
D'Hozier, mss., p. 1424.

La communauté des MAITRES CORDONNIERS de la ville de La Flèche.

D'azur à trois formes de souliers d'or, mal ordonnées.
D'Hozier, mss., p. 1423. — M. de Montzey, tome II, p. 26, dit : *souliers d'argent...*

La communauté des BOULANGERS de la ville de La Flèche.

D'azur à une hotte d'argent accompagnée de trois besans d'or.
D'Hozier, mss., p. 1411.

Lafond (de); dont Bonaventure, abbé du Louroux en 1624, abbé de Foix, inhumé à Saumur, 1647.

Laguette (de la), v. de la Guette.

Laigné (de), v. Grimault. — Bouchard.

Laigné-le-Bigot (de), v. de Villiers.

Laillée (de), v. de la Grandière.

Lailler de la Chenaye, — de la Poterie, — des Carcants, — de la Roche-Noyant, — de la Cruaudière.

D'argent à un lion de sable, armé et couronné d'or.
Mss. 995, p. 92. — Audouys, mss. 994, p. 105. — Gencien, mss. 996, p. 46. — Gaignières, Armorial mss. p. 10, dit : *à l'orle dentelé de même*, d'autres ajoutent : *la bordure engrelée de sable...* et le mss. 703, dit : *D'or au lieu d'argent, et le lion armé lampassé et couronné de gueules.*

Lairenye (de), **v**. Motin.

Laistre (de).

D'azur au chevron d'or accompagné de trois cygnes d'argent posés deux et un en pointe.

Sceau.

Lamaillère (de), v. de Cherbaye.

Lamark (de).

D'or à la fasce échiquetée d'argent et de gueules.

Mss. d'Orléans.

Lamballais de Beauvais ; — dont Pierre, commissaire d'artillerie en Anjou en 1698.

D'azur à trois fasces ondées d'argent.

D'Hozier, mss., p. 333.

Lambaré (André), curé de Chalain, mort en 1706.

De gueules à un nom de Jésus d'argent soutenu de trois clous de la passion ajustés de même.

D'Hozier, mss., p. 499.

Lambert.

De gueules au chevron d'or accompagné de deux croissants d'argent en chef et d'un gland d'or en pointe.

Mss. 993.

Lambert de la Maldemeure, — de la Dinchenière;
— dont Marie, abbesse du Perray-aux-Nonains en 1681.

D'argent à trois massacres de cerf de sable coupés et posés de profil.

Audouys, mss. 994, p. 106. — Gencien, mss. 996, p. 47. —
Roger, mss. 995, p. 17. — Gaignières, Armorial mss., p. 20. —
Gohory, mss. 972, p. 44.

Lambi (de), v. Blocquel.

Lamboul (de) de la Trudonnière.

D'azur à trois étoiles d'or posées deux en chef et une en pointe.

D'Hozier, mss., p. 356. — Mss. 439 et 993.

Lambroise (de), v. de Loubes.

Lamoignon (de) de Montreveau.

Losangé d'argent et de sable au franc quartier d'hermines.

Mss. 703.

Lamoureux (Louis-Charles), camérier secret de Sa Sainteté, chanoine de l'église d'Angers, 1881.

De gueules à une abeille d'or à senestre et un casque de même à dextre, chappé d'azur à la croix ancrée d'or chargée d'un cœur de gueules.

Devise : *Christus amor meus.*

L'écu timbré d'un chapeau violet à trois rangs de houppes.
Sceau.

Lancerre (de), v. Fournier.

Lancrau (de).

D'argent à une fasce de gueules fleurdelisée de six pièces de même trois dessus et trois dessous.

D'Hozier, mss., p. 670. — V. de Losrat. — Pissonnet. — Avril.

Lancrau (de) de Bréon, — de la Motte-Barayer ou Boisrayer, — de Saint-Poil, — de la Macheferrière, — du Bourgeau, — de Foudon, — du Clos-Doreau, — du Grand-Launay, — de la Motte-Saint-Péan, — de la Brardière, — de la Brosse, — de la Forbière, — de Chanteil, — de la Saudraye, — de Saint-Poix, — de Piard, — d'Angé ou de Dangé, — de Limesle, — de la Hamelinnière, — du Tertre, — de la Haute-Bergère, — de la Haute-Porée, — de Saint-Aubin de Pouancé, — de Pont-Thibault, — du Pas, — du Bois-Ragot, — de la Savarière; — dont Antoine, qui se battit sous Charles VIII; Pierre, évêque de Lombez en 1561; Jean, capitaine dans le régiment du duc de Mayenne, sous la Ligue; Jacques, qui prit part à l'expédition contre Gênes, et au siège de la Rochelle; Victor, chevalier de Saint-Louis, colonel des carabiniers de Monsieur, en 1815; Jacques, capitaine des mêmes carabiniers et chevalier de Saint-Louis en 1816; Alexis, chevalier de Saint-Louis en 1817.

D'argent au chevron de sable accompagné de trois roses de gueules boutonnées d'or posées deux en chef et une en pointe.

Devise : *In Deo spes mea.*

Audouys, mss. 994, p. 103. — Mss. 439. — Gencien, mss. 996, p. 46. — Armorial mss. de Dumesnil, p. 16. — D'Hozier, mss., pp. 421, 214. — Mss. 993. (Titres de l'église de Champtocé). — Le mss. 995, pp. 64, 96, dit :

D'argent au chevron d'azur...

Lande (de la).

De gueules à un cygne d'argent.

D'Hozier, mss., p. 1200.

D'or à trois fasces ondées d'azur.

D'Hozier, mss., p. 1216. — V. Bluyneau. — Bouju. — de Cheverue. — Cheorcin. — Denais. — de Beauregard. — Grimaudet. — de Goddes. — de la Hunne. — des Houillières. — de Lantivy. — Touschard. — Beschard.

Lande (de la) de la Coupe-Millière.

D'argent au sautoir de gueules.

Audouys, mss. 994, p. 109. — Gencien, mss. 996, p. 48. — D'Hozier, mss., p. 436.

Lande (de la) ou des **Landes** Baluchon.

D'azur à trois têtes de léopard d'or posées deux et une.

Roger, mss. 995, p. 16. — Gaignières, Armorial mss., p. 11. — Audouys, mss. 994, p. 106. — Gencien, mss. 996, p. 47. — Gohory, mss. 972, p. 36.

Lande (de la) de Pimpéan.

Écartelé au premier pallé d'argent et d'azur de six pièces ; au deuxième et troisième d'or à la merlette de sable, et au quatrième d'azur à l'épée d'argent posée en pal la pointe en haut, garnie d'or, surmontée d'un croissant de gueules.

Audouys, mss. 994, p. 107.

Lande (de la) de Saint-Martin de Villenglose ; — dont François-Alexandre, chevalier de Malte en 1717.

D'or à un cor de sable enguiché de même et un chef de gueules chargé de trois étoiles de six raies d'or, soutenu de sable.

Mss. 703. — D'Hozier, mss. p. 422. — Le même, p. 1196, dit : *De gueules à trois quintefeuilles d'argent.*

Lande (de la) de Saint-Martin de Villenglose (branche aînée), — des Plains, — de Cimbré (cadets).

D'or à la fasce de sable, au chef de gueules, chargé de trois étoiles d'or, au cor de chasse ou huchet de sable lié de même en pointe.

Audouys, mss. 994, p. 105. — Mss. 439. — D'Hozier, mss., p. 84. — Mss. 993.

Lande (de la) de Pierrelée.

D'or à une croix ancrée de gueules cantonnée de quatre roses de même.

D'Hozier, Armorial mss., p. 1026.

Landes (des) des Roches ; — dont Maurille, maire d'Angers en 1575, conseiller au Parlement en 1618.

De gueules à l'épée d'argent posée en pal.

Mss. 993.

D'azur à trois chevrons d'or.

De Courcy. — Armorial de Bretagne.

Landes (des) de Gardisseul.

D'azur à trois chevrons d'or posés l'un sur l'autre.

Audouys, mss. 994, p. 101.

Landes (des).

D'azur à un écusson d'or chargé d'une rose de gueules.

Mss. 703. — D'Hozier, mss., p. 1262. — V. du Vivier. — Bois-Chaussée. — Bouju. — de Conquessac. — Le Gouz. — Bonnin. — de la Faucille. — Goyet. — de Thorodes. — Buget. — du Bois. — de la Beraudière. — Gobé. — de la Motte. — de Houdan.

Landebry (de) v. Pelé.

Landelle (de la).

D'argent à trois merlettes de sable posées deux et une.

Mss 993.

Landelles (des), v. Morel.

Landemont (de), v. Pantin. — de Beaumanoir. — de la Poëze. — Chaperon.

Lande-Niafle (de la), v. Ayrault. — de Lantury.

Landepouste (de).

D'argent à trois bandes de sable.

Audouys, mss. 994, p. 107. — Gencien, mss. 996, p. 46. — Mss. 993. — Mss. 995, p. 79. — Gohory, mss. 972.

Lander (du), V. Daillon.

Landereau.

De sable à trois lunes d'argent posées deux et une.

D'Hozier, mss., p. 1262. — V. du Landrau.

Landeronde (de), v. d'Espinay. — Ferrand. — de Meaulne.

Lande-Seorchin (de la) ou Cheorcin, v. Savonnière.

Landevy (de) de Vaux, — de Medavy, — de Lavau, de Caulmont, — de Medouin ; — dont Jean, maire d'Angers et maistre de la monnaie d'Anjou en 1507-1508.

D'or à quatre fasces de gueules ou fascé de gueules et d'or de huit pièces.

Mss. 703. — Audouys, mss. 994, p. 101. — Armorial mss. de Dumesnil, p. 16. — Mss. 995, p. 122. — Gaignières, Armorial mss.. p. 28. — Gencien, mss. 996, p. 3. — D'Hozier, mss., pp. 91, 545. — Un portrait (xviᵉ siècle) de Jean de Landevy, maire d'Angers en 1507, conservé au château de la Perraudière, lui donne : *Burelé d'or et de gueules de dix pièces*. — Le mss. 993, donne au maire d'Angers :

De gueules à cinq triangles d'or.

D'Hozier, p. 91, dit : *Burelé de six pièces*, et p. 545, *de dix pièces*.

Landier.

D'or à trois pals de gueules.

Gencien, mss. 996, p. 43.

Landifer (de), v. de Mareil.

Landrau (du), v. Jousbert. — Grimaudet. — Prieur. — du Plantys. — Landereau.

Landry de la Tour, v. de la Tourlandry.

Landry (de), v. Thomasseau.

Lanée (de), v. du Tertre.

Langan (de) de Coabicor, — de Bois-Février, — d'Aunay.

De sable au lion d'argent contourné, armé, lampassé et couronné de gueules.

D'Hozier, Bretagne, p. 1355. — Gohory, mss. 972, p. 49. — Le mss. 993, Gencien, mss. 996, p. 47, et Audouys, mss. 994, pp. 106, 9109, disent : *le lion couronné d'or.*

Langeais (de), v. de Lusignan.

Langerie (de), v. Badin.

Langeron (de), v. Andrault.

Langron (de), v. d'Aubert.

Langlée (de) de la Menardie.

D'argent à trois fasces de pourpre cantonnées de neuf trèfles posés quatre et quatre en pal et un en pointe.

Mss. 439.

Languedoue (de) du Bois.

D'argent à deux fasces de gueules accompagnées de huit tourteaux de sable, trois en chef, deux en fasce et trois en pointe.

D'Hozier, mss., p. 353. — Le même, p. 1418, dit :

D'azur à une langue de bœuf d'or.

Lanier de L'Effretière, — de Monternault, — de Sainte-Jammes ou Saint-Gemmes, — de Saint-Lambert, — des Aistres, — de Baubigny, — du Patoil, — de la Guerche, — de Contigné ;

— dont Claude, conseiller au Parlement de Bretagne, 1587 ; François, recteur de l'Université d'Angers, 1518, juge d'Anjou et du Maine ; François, lieutenant-général du sénéchal d'Anjou, président au présidial, délégué en 1614 aux États Généraux et maire d'Angers en 1622 ; François, ambassadeur, intendant de justice, police et finance, en Anjou, 1640 ; Guillaume, conseiller au grand Conseil, 1643, ainsi que son fils, mort en 1641 ; Guy, maire d'Angers, 1557-1561 ; Guy, fils du précédent, jurisconsulte, conseiller au grand Conseil ; Guy, fils du précédent, abbé de Saint-Étienne de Vaux, grand vicaire et official d'Angers, 1628, archidiacre d'outre-Maine, prieur de Coron, Saint-Saturnin-sur-Loire et de Genneteil ; Jacques, lieutenant-général en la sénéchaussée de Saumur, puis en celle d'Angers, et maire d'Angers en 1639 ; Laurent, chevalier de Saint-Michel, président au présidial et maire d'Angers, 1645 ; et Herbert, fondateur en 1280 du prieuré de la Papillaye.

D'azur au sautoir losangé d'or de treize pièces, accompagné de quatre laniers éployés de même.

Audouys, mss. 994, p. 103. — Mss. 439. — Armorial mss. de Dumesnil, p. 16. — Mss. 703. — (Sculpt. xviiᵉ siècle, musée d'Angers, nᵒ 85). — Roger, mss. 995, p. 2. — D'Hozier, mss., pp. 71, 72, 79. — Mss. 993. — Mss. 995, p. 121. — Gencien, mss. 996, pp. 4, 7. — Gohory, mss. 972, pp. 6, 119, 153, 160, 162, 163.

Langardière (de), v. de Laugardière.

Lanniel.

D'azur à un soleil d'or accompagné en chef de trois étoiles d'or et en pointe d'un croissant d'argent les pointes en haut.

Sceau.

Lanoy.

D'azur à la bande d'argent accostée de onze billettes d'or, six en chef, posées quatre et deux ; et cinq en pointe posées quatre et une.

Gencien, mss. 996, p. 44. — Le mss. d'Orléans, dit : *Échiqueté d'or et d'azur.*

Lantivy (de) de Kermainguy, — de La Lande-Niaffle, — de l'Isle-Tizon, — de Boucheduzure, — de Champiré, — de Bouchan ; — dont trois chevaliers de Malte depuis 1763.

De gueules à l'épée d'argent en pal, la pointe en bas.

Devise : *Qui désire n'a repos ?*

Mss. 703. — Audouys, mss. 994, p. 103. — Mss. 439. — D'Hozier, mss., pp. 80, 433, 1197. — V. du Buat.

La Pargère (de) de Fontenay, v. Bastard.

Larchal (de), v. Le Porc.

Larcher (Nicolas), abbé de Citeaux en 1691.

Écartelé aux un et quatre d'azur semé de fleurs de lis d'or à l'écusson ou orle d'or à deux bandes de sable bordées de gueules ; aux deux et trois d'azur à l'arc-en-ciel au naturel et trois fasces ondées d'argent.

Mss. 993, à la Bibliothèque d'Angers.

Lardeux de Folleville.

D'argent à deux fasces de sinople.

Mss. 993. — V. Le Lardeux.

Largent (Jean), curé de Feneu, 1680, mort en 1709.

D'argent à une bande d'azur chargée de trois têtes de lion arrachées d'or.

D'Hozier, mss., p. 504.

Largière (de la), v. Liboreau.

Larralde (de); — dont César, commandant des gendarmes du maréchal de Brissac, sous Henri III.

Parti au premier d'argent à un chevron d'azur, accompagné de trois coquilles de sable posées deux et une, et un chef d'azur chargé de trois têtes de loup d'argent, au deuxième d'or à un chevron de gueules accompagné de deux merlettes de sable et en pointe d'un pin de sinople.

D'Hozier, Armorial de France, Registre VI.

Lartigue (de); — dont Isaac, abbé de la Roë, 1614.

De... à trois coquilles de... posées deux et une.
L'écu adossé à une crosse en pal et à dextre.

(Sculpt. xvıᵉ siècle, à Port–l'Abbé, paroisse d'Étriché).

Lartizien (Pierre), abbé du Brignon, 1457.

Las-Cases (de); — dont Félix, curé de Notre-Dame d'Angers, évêque de Constantine, chanoine de Saint-Denis, mort en 1880; Emmanuel, chambellan de Napoléon Iᵉʳ.

D'or à la bande d'azur à la bordure de gueules.

Devise : *Semper paratus.*

Sceau. — L'Armorial de l'empire, 1812, par H. Simon, p. 66. — Alph. Bremond, Nobiliaire toulousain, tome II, p. 68.

Lasnier, v. Lanier.

Laspaye (de) de Linion.

De gueules à la bande d'argent accostée de six annelets de même
Mss. 439.

Lassay (de), v. Madaillan.

Lasse (de), v. Hubert. — Le Bret.

Lastic (de), v. Boucherie.

Latay (du), v. d'Angenes. — Guitteau.

Lathan (de), v. de Roussellé ou Rouxellé. — de
Maillé. — Pays.

Laufrère (de), du Bois de la Feronnière.

Laugardière (de) ou de Langardière, v. Boucault.

Laumont (de) de Puygaillard.

D'azur à un épervier au naturel avec les grillets, les longes, et
perché sur une petite fasce d'argent.

Cette famille a aussi *écartelé au premier* de Thiery, *au deuxième*
de Puy-du-Fou, *au troisième de* Pont-Rouault, *au quatrième de*
Bois-Dauphin Laval, *et sur le tout* de Laumont.

Audouys, mss. 994, p. 108.

Launay (de).

D'azur au soleil d'or de seize rais, accompagné de trois croissants
montants de même deux en chef et un en pointe.

Audouys, mss. 994, p. 109. — Ménage, pp. 138, 462. —
Gencien, mss. 996, p. 47.

D'azur à une fasce d'or surmontée de trois étoiles de même.

D'Hozier, mss., p. 996.

D'azur à une licorne d'argent.

D'Hozier, mss., p. 908. — V. Davy. — de Maussion. — de Blavon. — du Bois. — de la Chausserie. — Le Jumeau. — Le Maczon. — Le Maire. — Thory. — de Channay. — Fontenelle. — Goureau. — de Gennes. — Gaultier. — de l'Hommeau. — Hocquedé. — de Razilly. — de Retours. — de Brossart. — Bonfils. — de Jousseaume. — Le Bel. — d'Aubert. — de la Boissière. — Champchevrier. — Bitault. — de Masseille. — de Cheverue.

Launay (de) de Maldemeure.

D'argent au sautoir engrelé de gueules, cantonné de quatre quintefeuilles de même.

Roger, mss. 995, p. 12. — Armorial mss. de 1608, p. 4. — Gohory, mss. 972, p. 42.

Launay (de) de la Mottaye, — de la Louverie, — de la Gaultraye, — de Pontgirault, — de Cumeré ou Cumeray, — de Longlée, — de la Balluère, — de Chenairu, — de Lorière ; — dont Charles, colonel de gendarmerie, commandeur de la Légion d'honneur, mort en 1864 ; Marie, grande prieure de Fontevrault en 1693 ; Guillaume, abbé du Perray-Neuf en 1497.

D'or à un arbre arraché de sinople accompagné de deux aiglons éployés et affrontés de sable, becqués et onglés de même, membrés de gueules.

Devise : *Pour Dieu et l'honneur.*

D'Hozier, mss., pp. 299, 164, 314, 116, 525. — Audouys, mss. 994, pp. 105, 104. — Mss. 439. — Mss. 703. — Armorial mss. de Dumesnil, p. 16. — Audouys, mss. 994, p. 105, et D'Hozier, mss., p. 516, disent : *les aiglons becqués et onglés de gueules...* — Audouys, mss. 994, p. 105, donne aux branches de Chenairu, de la Balluère, de Saint-Christophe et de Saint-Aubin... *D'or à l'aigle à deux têtes de gueules, couronné de même* et supprime *l'arbre de sinople...* — L'Armorial mss. de Dumesnil, p. 16, donne aux Launay de la Balluère... *l'arbre de sable...*

Launay-Bafer (de).

D'argent au lion de sable armé de gueules.

Armorial mss. de 1608, p. 4. — Roger, mss. 995, p. 19. — Audouys, mss. 994, p. 106. — Gohory, mss. 972, p. 73, qui, d'après Grandpré, dit, p. 98 : *D'hermines à la fasce de gueules.* — Ménage dit : *la fasce de sable.*

Launay-Briant (de), v. de Hodon.

Launay-Gobin (de), v. de la Tullaye.

Launay-Gringuenière (de), v. Le Maire.

Launay-Joumier (de), v. Menon.

Launay-Péan (de), v. Nepveu.

Launay-Pelloquin (de), v. Le Cornu.

Lauraguais (de), v. Brancas.

Laurans (de) ou **Laurens** de la Crillouère, — de Maury-d'Oyron, — de Bréon-Subert, — du Joreau, — de Dieuzy, — de Gennes, — de Janzé ; — dont un gentilhomme de la chambre du roi, 1590.

D'azur au lion rampant, léopardé d'or, armé et lampassé de gueules.

Supports : *deux lions d'or.*

Mss. 703. — Audouys, mss. 994, p. 42. — Gencien, mss. 996, p. 46, Roger, mss. 995, p. 11, le mss. 995, p. 88 et Gohory, mss. 972, pp. 67, 68, disent :

Coupé d'or sur azur, à deux léopards lionnés de l'un en l'autre.

Audouys, mss. 994, p. 101 et D'Hozier, mss., p. 160, disent : *coupé d'azur et d'argent.* — Gaignières, Armorial mss., p. 26, dit : *tranché* au lieu de *coupé.* — Le Mss. 439, dit : *d'argent et de sable.* — Roger, mss. 995, p. 13, et Audouys, mss. 994, p. 106, donnent aux familles de Laurans du Joreau et de Gennes les armes suivantes :

D'or à l'olivier ou au laurier de sinople, le chef d'azur chargé de trois étoiles d'or.

Làurans (de) ou **Laurens** de Montfou , — de Bourg-Jolly.

D'azur au laurier arraché de sinople , tigé et branché d'or , accompagné de deux merlettes de sable .

Audouys, mss. 994, p. 108. — Le mss. 439 dit : *le champ d'or au lieu d'azur...*

Laurencin (de) de Montragier.

De sable à un chevron d'or cantonné de trois étoiles d'or .

Mss. 993.

Laurens (de) de Brion, — de Daon, — de Lavau, — de Saint-Georges-du-Bois.

D'or au sanglier de sable .

Carré de Busserolle, p. 527.

Laurent (de) de Levigny.

De gueules à six alérions d'argent .

Mss. 703.

Laurière (de), v. de Rougé. — de Lorière.

Lauzun (de) de Caumont, — dont Françoise, abbesse du Ronceray en 1706.

D'or tranché de gueules et tiercé d'azur .

Balain, Annales d'Anjou, mss. 867, p. 545.

Laval (de) de Lezé ou Lezay, — de Trèves, — de la Plesse, — de Milon, — de la Bigeotière, — de Loué, — de Tournebelle , — de Blaison , — de Chemillé , — d'Ingrandes, — de Raiz, Rez ou Retz, — de Bois-Dauphin, — de Benais, — de Montjean, — de la Macheferrière, — de Parcé , — de Montmorency , — de Candé , — de

Châteaubriand, — de la Roche-d'Iré, — de Chappes, — de Chantocé ; — dont Gilles de Retz, maréchal de France en 1437 ; Guy, grand veneur et grand chambellan du roi René, gouverneur et sénéchal d'Anjou, chevalier du croissant en 1448 ; Pierre, frère de la comtesse de Beaufort, abbé de Saint-Aubin, 1463, et de Saint-Nicolas d'Angers en 1465, évêque de Saint-Brieuc, archevêque de Reims, mort en 1493 ; Pierre, abbé de Saint-Aubin d'Angers, et de Saint-Nicolas en 1465 ; Henri, abbé du Perray-Neuf, 1654.

D'or à la croix de gueules, qui est de Montmorency, ancien, la croix cantonnée de quatre aiglettes d'azur, en chaque canton, et chargée de cinq coquilles d'argent.

Note de Gaignières, d'après un tombeau de Pierre, à Saint-Aubin d'Angers. — Gohory, mss. 972, p. 5, et le mss. 995, p. 61, Roger, p. 1, Audouys, p. 104, Mss. 703, disent que le seigneur de Lezé brisait d'un *lion d'azur sur le premier canton de l'écu*, au lieu des *quatre aiglettes*. — Duchesne, Histoire de Montmorency, dit que le sire de Trèves brisait primitivement d'un *fer de lance d'argent au bas de la croix*. — De Laval-Nesle brisait d'une *fleur de lis d'or en cœur* (Gencien, p. 48). — Boisdauphin, d'une *bordure de sable, chargée de huit lionceaux d'argent, trois en chef, deux en flancs, trois en pointe* (mss. 996, p. 47, Audouys, pp. 109 et 105, et mss. 995, p. 110). — Guy, portait un franc-quartier *de France chargé d'un lion d'or à l'orle de gueules*, qui est d'Anjou moderne (Mss. 993 et 999). — Laval-Loué brisait au franc-quartier de l'écu de Beaumont-le-Vicomte (Mss. 996, p. 46). — V. Aux-Epaules.

Laval (Jeanne de), épouse de René d'Anjou, comtesse douairière de Beaufort, morte en 1498.

Écartelé au premier d'azur à trois fleurs de lis d'or ; aux deux et trois d'or à la croix de gueules chargée de cinq coquilles d'or, cantonnée de seize alérions d'azur ; aux quatrième d'azur à la bande d'argent, à deux pièces d'or accompagnées de six fleurs de lis d'or ; sur le tout d'or au lion de sable.

Balain, mss. 867, p. 382, d'après le tombeau des Cordeliers d'Angers. Père Anselme, tome I. p. 232 et tome VII, p. 75. La Revue du Maine, 1879, p. 285, chromolithog., reproduisant un vitrail de l'église de Sablé (xvᵉ siècle) donne le *quatrième d'azur à trois fleurs de lis d'or chargé d'une bande componée d'argent et de gueules ; et sur le tout de gueules au lion d'argent*. Les armes ci-dessus sont souvent accolées à celles de René d'Anjou.

Laval-Fêtu (de) ou Lavau-Fêtu, v. Bertin.

Lavantrouse (de), v. Auvé.

Lavardin (Hildebert), archevêque de Tours, mort en 1135.

De gueules à trois fleurs de lis d'or posées deux et une.

Carré de Busserolle, p. 530.

Lavardin (de), v. de Beaumanoir.

Lavau (de).

D'argent à neuf hermines et cinq et demie, posées trois, trois, et deux demies, trois et deux demies, une demie, ces cinq dernières touchant les bords de l'écu.

D'autres disent : D'argent à trois lions de sable armés et lampassés de gueules.

Armorial mss. de Dumesnil, p. 16. — V. de Landevy. — Le Pauvre. — de la Panne. — Le Noir. — d'Amaury. — Bigot.

Lavedan (François de), abbé du Louroux, 1645.

Lavigne.

De sinople à une barre d'or, écartelé d'or à une bande de sinople.

D'Hozier, mss., p. 1522.

L'Avocat des Fougerays.

D'argent à une fasce dentelée de sinople, accostée de trois roses de gueules, deux en chef et une en pointe.

Audouys, mss. 994, p. 8.

L'Avocat de la Roullaye.

D'azur à la fasce d'argent accompagnée en chef de trois croissants d'or et en pointe d'un léopard de même.

Mss. 993.

Lavoir (du), v. de Brissac. — Grandet. — d'Armilly. — Denais.

Layeul (du).

De sable au sautoir d'argent.

Audouys, mss. 994, p. 108. — V. du Teilleul.

Léaumont de Puy-Gaillard, — de Blou; — dont Jean, gouverneur du château d'Angers, puis des Ponts-de-Cé; chevalier du Saint-Esprit, conseiller d'État et privé, capitaine de cinquante hommes d'armes, grand maréchal des camps et armées du roi, célèbre partisan, mort en 1584.

D'azur à un épervier au naturel, avec les grillets, les longes, et perché d'argent.

Mss. 995, p. 110.

Leauté (de la), v. Fournier.

Le Bailleul de Bauvoir, — du Bois-Maqueau, — du Bois-Nouvel, — de la Coudraye, — de la Rigaudière ; — dont René, conseiller au Parlement en 1575.

D'argent à trois têtes de loup de sable.

Armorial de Courcy.

Le Barbier.

D'argent à un lion d'azur.

D'Hozier, mss., p. 962.

Le Barbu (Guy), professeur à l'Université d'Angers, évêque de Léon, mort en 1410.

D'or au trescheur ou essonier fleuronné d'azur accompagné d'un croissant de gueules en chef et d'une tête d'homme barbu.

Sceau 1381. — De Courcy, Armorial de Bretagne.

Le Bart de Champignière.

D'azur au léopard d'argent.

Mss. 703.

Le Bas du Plessis.

D'or à un lion de gueules accompagné de trois arbres arrachés de sinople, posés deux et un.

D. P.

Le Bascle de la Haye.

De gueules à trois barils d'or et un chef d'argent chargé d'une couronne d'épine de sable.

D'Hozier, mss., p. 1339.

Le Bascle du Pin, — du Fresne, — de Monnet, — du Marais, — d'Argenteuil ; — dont Jean, taxé un écu pour la rançon du roi Jean, en 1360 ; et François, chevalier de Malte en 1603.

De gueules au chevron d'or accompagné de trois macles de même posées deux en chef et une en pointe.

Cimier : Un léopard tenant une macle de l'émail de l'écu en chacune de ses pattes.

Supports : Deux lions léopardés d'or.

Gaignières, Armorial mss., p. 66. — Mss. 703. — Audouys, mss. 994, pp. 28, 16, 124. — Roger, mss. 995, p. 18. — Mss. 995, p. 117. — Gencien, mss. 996, p. 20. — D'Hozier, mss., p. 138, dit simplement :

De gueules à trois macles d'argent.

Le Batard d'Aubert, — de la Paragère, — de Fontenay, — de la Roche:

Parti d'or et d'azur à la demi-aigle de gueules dans l'or et à la demi-fleur de lis d'or dans l'azur au lambel d'argent de trois pièces posées en fasce.

Audouys, mss. 994, p. 35.

Le Bauld de la Morinière.

D'argent au cerf rampant de sable.
Sceau.

Le Baveux de Saint-Germain ; — dont Hutin, chevalier dans une montre de 1379.

D'or à la fasce crénelée d'azur accompagnée de six fleurs de lis de gueules trois en chef et trois en pointe.

Sceau. — P. de Courcy.

Le Bègue, v. du Plessis.

Le Bel du Chatellier, — de la Jaillière, — de la Tour, — de la Motte, — d'Orvaulx, — d'Aviré, — du Launay, — du Rossignol, — de la Senerie, — de Louresse ; — dont Pierre, secrétaire du duc de Bretagne, anobli en 1454 ; deux chevaliers de Malte en 1545 et 1717 ; un chevalier de Saint-Lazare en 1647.

D'or fretté d'azur de six pièces.

Audouys, mss. 994, p. 19. — Mss. 439. — Mss, 995, p. 80. — Gencien, mss. 996, p. 16. — Carré de Busserolle dit : *D'or fretté de gueules.*

Le Beneux de Mermande, — de la Polinnière, — de Saint-Germain, — de Saint-Florent-le-Vieil, — de Briacé.

D'or à la fasce .crénelée de deux pièces et deux demies d'azur, accompagnée de six fleurs de lis de même, trois en chef et trois en pointe.

Audouys, mss. 994, p. 31. — Mss. 703.

Le Bigot.

Emmanché d'argent et de sable à deux étoiles de sable en chef et une molette d'argent en pointe.

D'Hozier, mss., p. 753.

Le Bigot de Laigné-le-Bigot.

D'argent à trois fasces de gueules.

Du Chesne, Hist. de Montmorency, p. 583. — Mss. 703.

Le Bigot de Linières, v. Bigot.

Le Bigot de Mihervé, — de Gastines ; — dont Nicolas, chevalier de Malte en 1637 ; et Gabriel en 1665.

D'argent à une fasce de sable chargée de trois losanges d'or et accompagnée de trois trèfles de sinople, deux en chef et un en pointe.

Audouys, mss. 994, p. 37. — Mss. 993. — Gencien, mss. 996, p. 19.

Le Blanc de la Combe.

Écartelé aux un et quatre d'azur au soleil d'or cantonné de quatre roses d'argent, aux deux et trois d'azur au demi-vol d'argent.

Carré de Busserolle, Armorial de Touraine, p. 144.

Le Blanc de la Vallière ; — dont Gilles, évêque de Nantes, en 1668 ; et un pair de France en 1723.

Coupé d'or et de gueules, au léopard aussi coupé d'argent et de sable, armé de gueules et couronné d'or.

Mss. 703.

Le Blanc des Moulins-Neufs, — de la Thibaudière, — de Moulin-Vieux.

D'azur à la bande engrelée d'or accompagnée d'un croissant montant d'argent en chef, et d'une étoile d'or en pointe.

Armorial mss. de 1608, p. 8. — Gohory, mss. 972, p. 74. — Audouys, mss. 994, p. 26. — Gencien, mss. 996, p. 21. — Le mss. d'Orléans donne : *l'étoile d'argent en pointe...* — Gohory, p. 33 et Roger, mss. 995, p. 16, ne donnent pas *l'étoile...*

Le Bloy (Joseph), docteur-régent en droit en l'Université d'Angers, en 1694.

D'azur à un chiffre d'or composé des trois lettres G L et B entrelacées.

D'Hozier, mss., p. 792.

Le Bloy.

D'azur au lion d'or.

Mss. 995, p. 57.

Le Bloy du Pressoir, — de la Marière, — des Granges, — du Grand-Mainneuf.

De... à la croix de Malte de... cantonnée d'une rose et une étoile d'or en chef, et en pointe d'une étoile et d'une rose aussi d'or.

Ce sont les armes de Maillet des Guiottières que cette maison Le Bloy s'obligea de porter par accord du 2 juillet 1396. Avant, cette maison portait :

De sable à un épervier d'argent membré d'or.

Audouys, mss. 994, p. 33.

Le Bœuf de la Valette, — de la Motte, — du Jourdan, — du Touillet; — dont un commissaire provincial d'artillerie.

D'azur à trois têtes de bœuf d'or posées deux et une.

D'Hozier, mss., pp. 614, 621. — Le même, p. 694, dit : *le champ d'argent à trois rencontres de cerf de gueules*... La branche de la Motte porte aussi :

Parti de... à un cœur de... accompagné d'un vol de... parti de... à trois cœurs de... le chef de... chargé de deux étoiles de...

Un Le Bœuf de Jourdan et de la Motte, prieur claustral de Cunaud en 1752, brisait : *d'une pointe d'hermines en cœur, le chapeau à trois rangs de houppes, l'écu adossé à un bâton prieural.*

Sceau, XVIII° siècle. — Cloche de Saulgé-l'Hôpital, sculpt. 1732.

De... à un chevron de... accompagné en chef de deux étoiles de... en pointe d'un cygne de...

Le Bœuf de la Cottinière.

De gueules à un bœuf rampant d'or contourné.

Carré de Busserolle, p. 149. — V. Lormand.

Le Bossut.

D'or à trois têtes de maure de sable bandées d'argent, deux et une.

D'Hozier, mss., p. 878.

Le Boucher de Boisgirard; — dont Charles, gentilhomme servant du roi, 1784, ôtage de Louis XVI en 1791; Augustin-Henri, garde du corps du roi, 1818.

De gueules à la bande d'argent chargée de trois cloches de sinople posées dans le sens de la bande.

Devise : *Spes fidem sustinet.*

Dictionnaire de la Noblesse, 2ᵐᵉ édition. Paris, Duchesne, 1771, in-4°. — Vitraux de l'église de Beaufort, XIX° siècle.

Le Boucher des Buchetières, — de la Varenne.

De sinople au griffon d'argent.

Mss. 439.

Le Boultz ; — dont trois grands maîtres des eaux et forêts d'Anjou ; François, en 1677 ; Éléonore, en 1692 ; Louis, en 1720.

D'azur à un chevron d'or accompagné en pointe d'une étoile de même, au chef de gueules chargé de trois pals d'or.

Carré de Busserolle, p. 533.

Le Bouteillier.

D'argent à cinq losanges alézés de sable posés en bande.

Mss. 993.

Le Bouteiller de la Gougeonnaye, — de la Chaudraie, — de la Gaullerie, — de la Tremblaye, — de la Bissachère.

De gueules à une marmite d'or, l'anse droite.

Audouys, mss. 994, p. 23. — Gencien, mss. 996, p. 19. — Le mss. 995, p. 105, donne à la branche de la Gougeonnaye... *Un pot d'argent...*

Le Bouvier des Mortiers.

D'or à une fasce de sable chargée de trois étoiles d'argent.

D'Hozier, mss, p. 938. — Audouys, p. 36.

Le Boux, v. Boux.

Le Bret.

D'or à un sautoir de gueules accompagné de quatre merlettes de même, une en chef, deux aux flancs et une en pointe, le sautoir chargé de quatre coquilles d'argent, une à chaque extrémité et en cœur aussi chargé d'un écusson d'argent surchargé d'un lion de sable.

D'Hozier, mss., p. 342.

Le Bret de Lassé.

D'azur à la tour d'or au chef d'hermines.

Roger, mss. 995, p. 3. — Audouys, mss. 994, p. 39.

Le Breton ; — dont Jacques, curé de Saint-Georges du Puy-de-la-Garde, 1691-1697.

De pourpre à une croix d'hermines.

D'Hozier, mss., p. 330.

Le Breton ; — dont René, contrôleur au grenier à sel de Saint-Florent, 1697.

D'argent à un croissant de gueules, accompagné de trois mou-chetures d'hermines posées deux en chef et une en pointe.

D'Hozier, mss., p. 519.

Le Breton.

D'azur à un lion d'or parti d'hermines.

D'Hozier, mss., p. 1268.

Le Breton de la Bonnelière, — de la Gilberdière ; — dont plusieurs magistrats ; un maire de Beaufort en 1790.

D'azur à un chevron d'or accompagné en chef de deux étoiles d'argent et en pointe d'un croissant de même.

Carré de Busserolle, p. 534.

Le Breton de la Roirie.

D'azur à un chevron d'argent et un chef d'or chargé de trois tourteaux de gueules.

D'Hozier, mss., p. 881. — Gohory, mss. 972.

Le Breton de la Dointerie.

D'azur à un écusson de même, chargé d'une fleur de lis d'or, accompagné de trois colombes d'argent, deux en chef affrontées, une en pointe, le chef d'or au lion issant de gueules.

Carré de Busserolle, p. 533.

Le Brun, (famille éteinte).

Vairé et contre-vairé d'argent et d'azur.

Gencien, mss. 996, p. 20, d'après le Cartulaire de la Haie-aux-Bons-Hommes.

Le Brun de la Brosse.

D'argent au chevron de gueules, accompagné de trois merlettes de sable posées deux en chef et une en pointe.

Audouys, mss. 994, p. 21. — Mss. d'Orléans. — Gencien, mss. 996, p. 17. — Armorial mss. de 1608, p. 13. — Gohory, mss. 972 p. 10.

Le Camus ; — dont deux maires d'Angers, Jacques, enquesteur d'Anjou, et Jean, en 1525 et 1528.

D'or à trois coquilles de gueules, posées deux en chef et une en pointe, à la tête de maure de sable, posée au milieu, tortillée d'argent.

Audouys, mss. 994, p. 52. — Gencien, mss. 996, p. 2. — Gohory, mss. 972, p. 146. — V. Camus.

Lecé (de), v. Binel. — de Couhé. — de Valory.

Le Chat.

D'argent à deux fasces d'or accompagnées de sept merlettes de sable, posées trois en chef, trois en fasce et une en pointe.

Gohory, mss. 972, p. 120.

Le Chat de Tessecourt, — de Brissarthe, — de Vernée, — de Marigné, — de la Chatterie, — de la Touche, — de la Haye, — de Queré, — de Chanteussé, — de la Marmittière, — de Saint-Henis ; — dont Pierre, maire d'Angers en 1588 et président au présidial d'Anjou ; René, son fils, conseiller au Parlement de Bretagne ; Pierre-Guillaume, lieutenant-général criminel d'Angers, 1617 ; Jean, abbé de Pontron † 1553.

D'azur à trois têtes de léopard d'or, posées deux en chef et une en pointe.

Audouys, mss. 994, p. 53. — D'Hozier, mss., pp. 134, 63. — Mss. 993. — Gencien, mss. 996, p. 5 et Gohory, mss. 972, p. 155, disent : *trois têtes de chat d'or* au lieu de *trois têtes de léopard...*

Le Chevrier (Jean), abbé du Louroux, 1495.

Le Choulet.

D'argent à une croix rochetée de sable accompagnée de trois coquilles de même, deux en chef et l'autre en pointe sous le bras de la croix.

Gencien, mss. 996, p. 29.

Le Cieste de Villebois ; — dont François, abbé d'Asnière-Bellay en 1580.

Le Clerc des Aulnais, — de Craon.

D'azur à un croissant montant d'argent surmonté d'un soleil d'or.

D'Hozier, mss., p. 879.

D'or à la croix de sable chargée de cinq coquilles d'argent.

D'Hozier, mss., p. 1265. — V. Charlot. — de Varennes. — Ferrière.

Le Clerc du Vivier, — des Landes.

De gueules au croissant d'argent surmonté d'un lion issant d'or.

Audouys, mss. 994, p. 47. — L'Hermite Soulier dit : *De gueules au lion d'or issant d'un croissant d'argent.*

Le Clerc des Émeraux, — de la Gallorière ; — dont un secrétaire du roi, anobli en 1660 ; un premier président au présidial d'Angers, au XVIIᵉ siècle.

D'azur au chevron d'or accompagné en pointe d'un croissant d'argent et un chef d'argent chargé de trois molettes d'éperon de sable.

Mss. 439. — D'Hozier, mss., p. 502. — A. de Soland, Bulletin, 1868, p. 33, indique le chevron *d'argent.*

Le Clerc de Juigné, — de Verdelle, — de Coulaines, — des Roches-en-Mauges, — de Maulni, — du Genetay, — de la Ferrière, — de Noyant, — de Daon, — de Lormais, — des Aulnais, — de Brion, — de Sautré, — des Émeraux, — de la Porte de Vezins, — de la Cheverie, — de Vaux, — de Tabitaiche, — de la Manourière, — de la Roche-Joulain, — de Grez-Neuville, — de Sceaux, — de Feneu ; — dont René, chevalier, doyen de l'ordre de Saint-Lazare, lieutenant des maréchaux dans le Maine, 1741 ; Auguste, grand sénéchal d'Anjou, 1741-1756 ; Alexandre, officier, sous-préfet de Beaupréau, 1814 ; Richard, bailli d'Anjou, de Touraine et du Maine en 1228 et 1230 ; Guy, abbé de Montfort et de la Roë, évêque de Léon en 1514, mort en 1521 ; Jacques, lieutenant général, 1789 ; Antoine, préfet d'Indre-et-Loire en 1809 ; un pair de France sous la Restauration, etc.

D'argent à la croix engrelée de gueules, cantonnée de quatre aigles de sable becquées et onglées de gueules.

Supports : *Deux lions* ou bien *deux sirènes.*

Cimier : *Un coq aux ailes ouvertes.*

Devises : *Ad alta. — Altior procellis.*

Cri de guerre : *Battons ! abattons !*

Gohory, mss. 972, pp. 67, 96. — Audouys, mss. 994, p. 51. — Mss. 703. — Gencien, mss. 996, p. 28. — D'Hozier, mss., pp. 424, 440, 125. — Armorial mss. de 1608, p. 17. — Roger, mss. 995, p. 2. — D'Hozier, mss. pp. 242 et 351, dit : *croix de gueules dentelée de sable*, aux Le Clerc de Sautré, de Coulaines, de Juigné, de Verdelle. — Dumesnil, Armorial mss., p. 13. — Audouys, p. 45, et le mss. 439 disent que Le Clerc de Lormais, de la Ferrière, de la Porte de Vezins, portait : *la croix de sable.* — Dumesnil, p. 13, dit : *croix dentelée.* — L'Armorial de 1608, p. 17, donne aux seigneurs de Maulni et des Roches : *de gueules à la croix engrelée d'argent, cantonnée de quatre aigles d'or.* — Dumesnil, mss., p. 13, et Roger, p. 8, donnent aux seigneurs de Maulni, des Roches, de la Cheverie, de Vaux, de Tabitaiche : *d'argent à la croix d'azur cantonnée de quatre crousilles de gueules.* — Gohory, mss. 972, p. 67, d'après Grand Pré, et Audouys, p. 58, donnent aux seigneurs de Maulni, des Roches, de la Cheverie, de Vaux, de Tabitaiche : *de gueules à la croix engrelée d'argent cantonnée de quatre crousilles de gueules.* — L'évêque René Le Clerc de Juigné, surmontait son écusson, entre la mître et la crosse, du mot : *Charitas.* — Pierre Le Clerc, conseiller du roi, assesseur honoraire en la sénéchaussée et siège présidial d'Angers en 1698, ainsi que Pierre Le Clerc de la Manourière, lieutenant particulier au même siège, 1698, brisait les armes citées les premières ici d'une *molette d'éperon d'or en cœur de la croix*, et portait : *les aigles de gueules* (D'Hozier, mss., p. 61 et 101), tandis que D'Hozier, mss., p. 691, donne aux Le Clerc de la Manourière : *D'argent à un chevron de gueules accompagné de trois hures de sanglier de sable, deux en chef et une en pointe.* — Jeanne Le Clerc, épouse de René de Beauregard, sieur du Fresne, portait : *la croix de sable engrelée de gueules* (D'Hozier, mss., p. 151). — Le mss. 995 donne aux Le Clerc de Sautré, de Maulni, des Roches : *un lis*, sur le haut de la croix. — Le mss. 439 donne aux Le Clerc de la Roche-Joulain, Noyant, Sautré, Aulnais, Genetay : *un tourteau de sable en chef.*

Le Comendeur de Montrenon, — du Haulme, — de La Fontaine.

D'azur à trois molettes d'argent posées deux et une.

Mss. 439. — Audouys, mss. 994, p. 46.

Le Comte.

Losangé d'or et de gueules au chef d'azur.

Armorial de M. de Vauguyon. — Mss. 993.

D'azur à une couronne de comte engrelée d'or et perlée d'argent.

D'Hozier, mss., p. 1278.

Palé d'or et d'azur de six pièces.

D'Hozier, mss., p. 1019.

D'or à une bande componée d'argent et de sable.

D'Hozier, mss., p. 925.

D'argent à une croix de gueules chargée en cœur d'une quinte-feuille d'or.

D'Hozier, mss., p. 991.

Le Comte (Jean), abbé de Pontron en 1516.

Le Comte (Jean), curé d'Allonnes en 1696.

De sable à un cercle ou couronne de baron d'argent surmontée d'une couronne de comte d'or.

D'Hozier, mss., p. 605.

Le Coq de la Haye-Georget.

D'azur à trois coqs d'argent au chef de gueules chargé d'un lion naissant.

Mss. 993. — Audouys, p. 46.

Le Cornu du Plessis de Cosme, — de la Reauté, — du Breil-Berard, — de la Barbottière, — de Launay-Pelloquin, — de la Courbe, — de Brée, — de la Marie, — de Beaurepos, — de Princé, — de Balivière, — de Plain-chêne, — de la Roberdière, — de la Jennaisière, — du Bignon, — de Vilette, — du Gué Réchigné ; — dont Nicolas, évêque de Saintes, mort en 1617 ; Louise, abbesse de Saint-Julien-du-Pré, au Mans ; Pierre, capitaine et gouverneur du château de Craon, pour la Ligue, en 1592 ; Pierre, chevalier de Rhodes avant 1503 ; Claude, chevalier

de Malte en 1567 ; Marie, supérieure des religieuses hospitalières de Beaufort, en 1755 ; et Renault Le Diable, qui changea son nom de Le Diable en celui de Le Cornu, en 1330.

D'or au massacre de cerf de gueules surmonté d'une aigle éployée de sable, posée entre les branches.

Sceau, xv⁰ siècle, à M. Hucher, du Mans. — Mss. 703. — Hist. de Sablé, pp. 30, 197. — Trincan, mss. 989, p. 83. — Mss. 439. — Gencien, mss. 996. p. 28. — Audouys, mss. 994, p. 55. — Armorial mss. de 1608, p. 18. — Armorial mss. de Dumesnil, p, 16. — Roger, mss. 995, p. 6. — Mss. 995, p. 93. — D'Hozier, mss., p. 1265, donne aux Le Cornu, du Plessis de Cosme et de la Ruauté (*sic*) les armes suivantes :

De sinople à une licorne d'argent.

Cette famille s'appelait primitivement Le Diable.

Lecottière (de), v. de Pierres.

Le Devin de la Chevraie, — de Villettes, — de la Roche, — du Tronchay, — de Montargis, — de la Touche ; — dont Jean, enquesteur d'Anjou, 1533 ; Antoine, auteur tragique, mort en 1570.

De gueules à une fasce d'argent accompagnée de trois étoiles d'argent.
Sceau.

Le Diable, v. Le Cornu.

Le Douvre ; — dont Hardouin, procureur au grenier à sel de Beaufort en 1650.

D'or à trois merlettes de sable posées deux et une.
D'Hozier, mss., p. 883.

Le Doux du Breuil, — de Melleville.

D'azur à trois têtes de perdrix arrachées d'or becquées de gueules.
Carré de Busserolle, p. 547.

Le Doyen.

D'argent à trois fasces d'azur.
D'Hozier, mss., p. 1035.

D'or à un chevron de gueules accompagné de trois annelets de même.
D'Hozier, mss., p. 1025.

Le Faucheux.

D'or à une faux de sable.
D'Hozier, mss., p. 1258.

Le Faux.

De sable à un chevron d'or accompagné de trois merlettes de même.
D'Hozier, mss., p. 920.

De gueules à la fasce d'argent.
Mss. 995, p. 78.

Lefebure ou Lefebvre.

D'azur à la croix d'or chargée de cinq roses de gueules et soutenue d'un croissant d'argent.
Mss. 993.

D'azur à trois fasces d'argent.
D'Hozier, mss. p. 876.

D'or à une enclume de sable.
D'Hozier, mss., p. 1266.

Lefebure ou Lefebvre de Chamboureau; — dont René, conseiller du roi, auditeur à la chambre des comptes de Bretagne, 1696.

D'azur à un chevron d'or accompagné de trois grelots de même, deux en chef et un en pointe.
D'Hozier, mss., p. 107. — Mss. 439. — Armorial mss. de Dumesnil, p. 15.

Lefebvre de la Guiberdrie, — de l'Aubrière, — de Briançon, — de la Ferronnière, — de l'Espinay, — de la Sillaudaie, — des Grassières, — des Roussières, — des Motes, — de la Touche, — de la Haie-Joulain ; — dont René, maire d'Angers en 1611 ; Jérôme, chanoine de la Sainte-Chapelle de Paris, conseiller à la grande chambre du Parlement, 1676 ; François, conseiller du Parlement de Bretagne, 1688 ; Charles, évêque de Soissons, 1731 ; Charles-François, conseiller général de Maine-et-Loire, 1824 ; Jérôme, abbé de Notre-Dame de Villeneuve, près Nantes, 1746 ; Jean-Jacques, procureur au Parlement de Bretagne en 1603.

D'azur à une levrette rampante d'argent accolée de gueules, bouclée d'or.

D'Hozier, mss., p. 132. — Mss. 703. — Audouys, mss. 994, p. 72. — Mss. 993, (pennon généalogique de douze quartiers). — Dumesnil, mss. 995, p. 15. — Sculpt. xviie siècle, à la Visitation de Saumur. — Grav. xviiie siècle (portrait de Charles). — Armorial mss. de 1608, p. 23. — Mss. 996, p. 6. — Le mss. 439 dit : *bouclé d'or.*

Cimier : *Une cuirasse et un casque de fasce surmonté d'une couronne de marquis d'où sort une tour crénelée portant une levrette issante engoulant une banderolle où se lit la devise.*

Devise : *In concussa fides.*

Supports : *Deux lions.*

Le Febvre de la Brulaire, — de Lestang.

D'azur au chevron d'or accompagné de trois roses et surmonté d'un croissant de même.

Dumesnil, Armorial mss., p. 15. — Audouys, mss. 994, p. 73, dit : *trois roses de gueules et une étoile d'or.*

Le Febvre de la Faluère, — de la Jallange ; — dont quatre trésoriers de France, à Tours, xviie et xviiie siècles.

D'azur à la bande d'or de trois pièces.

Armorial mss. de 1608, p. 33. — Gaignières, Armorial mss., p. 12. — D'Hozier, mss., p. 86. — Audouys, mss. 994, p. 73. — Le même, p. 72, dit : *De gueules à trois bandes d'or.*

Le Feron ; — dont Jean, commissaire, député du roi pour la réformation générale des forêts dans les provinces d'Anjou, de Touraine et du Maine, mort en 1694.

De gueules au sautoir d'or accompagné en chef et en pointe d'une molette d'éperon et à chacun des flancs d'une aiglette au vol éployé, le tout d'or.

Supports : *Deux lions dragonnés d'or, armés et lampassés de gueules.*

Cimier : *Un lion d'or armé et lampassé de gueules.*

Devise : *Eques ad Bovinam.*

Carré de Busserolle, p. 357

Le Feron des Prés, — de Saugé, — d'Arog.

D'argent à trois fasces de sable.

Mss. 439.

Le Feste.

D'azur à trois besans d'argent.

Gencien, mss. 996, p. 39, d'après le cartulaire de la Primaudière, 1237.

Le Feuvre, v. Le Febvre.

Le Fevre de la Feronnière.

De... à une levrette de...

Église de la Visitation de Saumur, 1683.

D'azur au lévrier rampant d'argent, colleté d'un collier de gueules bouclé d'or.

Mss. 993.

Leffrayere (de), v. de Piedouault.

Lefièvre.

D'or à trois trèfles d'azur posés en sautoir.

D'Hozier, mss., p. 1137.

Le Forestier.

D'argent à un lion de sable, armé, lampassé et couronné d'or.

Supports : *Deux lions de carnation.*

Mss. 993. (Généalogie, xviiiᵉ siècle). — La branche de Jamber-
ville, de Sévilly et de Bonabry, ajoutait : *une bordure crénelée de
gueules.*

Lefort.

D'or à une croix d'azur.

D'Hozier, mss., p. 966.

Le Gagneur ou Le Gaigneur de Tessé, — de Poillé, — de la Morniac ; — dont Gabriel, maire de La Flèche en 1687 ; Michel et Pierre, notaires à La Flèche, xviᵉ siècle ; Louis, abbé de Chaloché, 1600.

De gueules à huit bourses d'argent posées en orle.

D'Hozier, mss., p. 1430. — V. le nom suivant.

Le Gagneur ou Le Gaigneur de Poillé ; — dont Jacques et Gabriel, trésoriers de France, à Tours, xviiᵉ siècle ; Nicolas, conseiller au présidial de La Flèche en 1637.

*D'azur à un lion d'or couronné, lampassé et armé de gueules, et
une croix ancrée aussi de gueules brochant sur le tout.*

D'Hozier, mss., p. 298. — V. le nom précédent.

Le Gaiger.

*D'azur au chevron d'or accompagné de trois aiglons du même,
deux en chef et un en pointe.*

Audouys, mss. 994, p. 87.

Le Gantier de la Vallée.

De gueules à trois merlettes d'argent, à la cotice de même brochant sur le tout.

Mss. 439.

Le Gascouin de la Musse.

D'or au chevron de gueules accompagné de trois quintefeuilles ou roses de même, deux en chef et une en pointe.

Audouys, mss. 994, p. 88. — Mss. 439. — Armorial mss. de Dumesnil, p. 15.

Le Gauffre.

D'or à une bande fuselée de gueules.

D'Hozier, mss., p. 933.

D'argent à trois aigles de sable posées deux et une.

D'Hozier, mss., p. 906.

Le Gauffre de la Chauvelaie; — dont Michel, élu d'Angers en 1697.

D'argent à un croissant accompagné en chef de deux roses et en pointe d'un trèfle, le tout de sable.

D'Hozier, mss., p. 575.

Le Gay de Sorges, — de la Fautrière, — de Plessis-Remond, — de la Chesnaye, — de Saint-Germain-des-Prés, — de la Millonnière, — de la Maillardière, — de Mozé, — du Mesnil, — du Verger, — de la Gasnerie, — de Courcellières, — de Jugière, — de la Giraudière, — de la Guignardière, — de Vaugirault.

Écartelé aux premier et quatrième d'argent à trois quintefeuilles de gueules, qui est Le Gay, au deuxième d'or à un écusson de gueules

*cantonné de quatre coquilles de sable ; au troisième de gueules semé
de billettes d'or au lion d'argent, couronné, armé et lampassé d'or.*

Roger, mss. 995, p. 8. — Gaignières, Armorial mss., p. 19. —
Mss. 439 et 703. — Audouys. mss. 994, pp. 78, 80. — Gencien,
mss. 996, p. 40. — Armorial mss. de 1608. pp. 25, 28. — Le
même, donne également aux branches de Vaugirault, de la
Gasnerie, de la Guignardière et du Verger : *De gueules à trois
quintefeuilles d'argent*, et le mss. 439, dit, pour les seigneurs de
la Giraudière : *les trois quintefeuilles percées d'un poinçon d'or*. —
Gohory, mss. 972, p. 65, p. 12, intervertit les *émaux*. — V. Le
Guay.

Le Gay de la Hamonnière ; — dont Mathurin, évêque in-partibus de Rouanne, en Angleterre, prieur de Saint-Rémy-la-Varenne, 1539.

*D'argent à trois perroquets ou trois papegais de sinople, membrés
et becqués de gueules, colleretés d'or, posés deux et un.*

Mss. 995, p. 90. — Audouys, mss. 994, p. 76. — Roger,
mss. 995, p. 8. — Gencien, mss. 996, p. 40. — Gaignières,
Armorial mss. p. 19. — Armorial mss. de 1608, p. 28. — Mss. 703.

Le Geay.

*D'azur à l'aigle et trois aiglons d'or regardant un soleil de même
sur le premier canton.*

Gohory, mss. 972, p. 120.

Le Gendre.

D'or à un lièvre de sable écartelé de sable à une bande d'or.

D'Hozier, mss., p. 1525.

Léger (Denis), grand archidiacre d'Angers en 1696.

D'azur à une croix engrelée et alaisée d'or.

D'Hozier, mss., p. 66.

Léger du Haut-Thierré ; — dont Marie-François, commissaire provincial de l'artillerie de France, 1717.

Coupé de gueules et d'azur par une fasce d'argent, la partie de la pointe en azur chargée d'une gerbe d'or.

Audouys, mss. 994, p. 106.

Le Goux.

D'or à un coq de gueules.

D'Hozier, mss., p. 1263.

De gueules à une bande d'argent, écartelé d'argent à un pal de gueules.

D'Hozier, mss., p. 1529.

Le Goux de la Berchère, — de la Rochepot.

D'argent à une tête de nègre de sable, tortillée d'argent, accompagnée de trois molettes d'éperon de gueules, deux en chef et une en pointe.

Mss. 993.

Le Gouz des Mortiers.

De gueules à trois croissants d'argent posés deux et un.

Armorial mss. de Dumesnil, p. 15. — Audouys, mss. 994, p. 85. — Le mss. 439, dit : *d'azur* au lieu *de gueules.* — V. du Vau.

Le Gouz de la Boulaie, — du Gœuvre ou de Goyvre, — d'Ardanne, — de Bordes, — de la Ville-Asselin, — de Poligné, — du Plessis-Lyonné, — du Plessis-le-Vicomte, — de Meigné-le-Vicomte, — des Landes ; — dont François, écrivain et voyageur, mort vers 1669 ; François, abbé de Notre-Dame de la Clarté en 1587 ; Augustin, conseiller général de Maine-et-Loire, 1804-1816, maire de Baugé en

1815 ; François-Louis, maréchal de camp, grand'croix de Saint-Louis, commandant général de la garde nationale d'Angers en 1789 ; Dimanche, prieur de l'abbaye de Cormerie, 1585-1592.

De sable à trois fasces d'or au franc quartier d'azur, chargé de trois quintefeuilles d'argent posées deux et une.

Roger, mss. 995, p. 12. — Audouys, mss. 994, p. 76. — Mss. 703. — Armorial mss. de Dumesnil, p. 15. — D'Hozier, mss., pp. 301, 306, 294. — Mss. 995, p. 114. — Mss. 439. — Gencien, mss. 996, p. 41. — L'Armorial mss. de 1608, et Gohory, mss. 972, p. 28, disent : *de sable à cinq burelles d'or au franc quartier d'argent et trois quintefeuilles d'azur...*

Legrand ; — dont un conseiller au Parlement de Paris.

Vairé d'or et de gueules.

Mss. 993.

Le Gras du Luart ; — dont cinq conseillers au grand Conseil, un intendant du Roussillon, etc.

D'azur à trois chefs de daim d'or, posés deux et un.

Audouys, mss. 994, p. 86.

Le Gras de Marsilli, — de la Polissière, — du Plessis-Glus, — de la Fresnaye-Mecrin, — du Fief-Clereau, — de la Girardière, — de la Roche-Tabutau, — de L'Angardière, — du Rocher-au-Gras, — de Livière.

D'argent à cinq fasces de sable, les trois du milieu chargées de cinq fusées de gueules.

Gohory, mss. 972, p. 120. — Audouys, mss. 994, pp. 78, 77. — V. Trincant, Hist. de Savonnière, p. 167. — Ménage, p. 371. — Mss. 439. — Roger, mss. 995, p. 6. — Mss. 995, pp. 81, 88. — Gencien, mss. 996, p. 40. — L'Armorial mss. de 1608, p. 27, dit : *quatre fasces de sable...*

Le Gris de la Gaudinière ; dont Étienne, trésorier de France, à Tours, 1785.

D'hermines à une croix de sable.

D'Hozier, mss., p. 865. — Carré de Busserolle.

Le Gros de Princé, — de la Bourrelière, — de Monnet.

D'or à l'aigle éployée couronnée de sable, à la bordure de gueules chargée de neuf besans d'or.

Carré de Busserolle, p. 441.

Le Guay, — dont un préfet de Maine-et-Loire en 1871, puis sénateur.

Coupé au premier parti gironné d'argent et d'azur et de gueules à l'épée d'argent posée en pal ; au deuxième d'or au donjon de trois tours de.....

Sceau.

Le Guay de la Bernardière.

D'or à trois fasces ondées d'azur.

D'Hozier, mss., p. 1137. — V. Le Gay.

Le Horeau du Fresne ; — dont René, chanoine d'Angers, historien angevin, né en 1671 ; Maurice, procureur des bénédictins en 1722 ; — Maurice, recteur de l'Université d'Angers.

De gueules à trois fasces ondées d'argent, au chef d'or chargé d'un chêne de sinople.

Devises : *Fraxinus extra aquam. — Laureat, Laureatus.*

Ballain, mss. 867, p. 150.

Le Houx.

D'argent à une rose de gueules accompagnée de trois molettes de même, deux en chef et une en pointe.

D'Hozier, mss., p. 321.

Le Houx du Plessis, — de la Roche-Coutant.

D'azur au chevron d'or accompagné de deux étoiles en chef et d'une merlette en pointe.

Sculpture XVIIe siècle, de la Roche-Coutant à Tigné.

Le Houx de la Ribouté.

De... à trois feuilles de houx de... le chef de... chargé d'une croix de...

Devise : *In hoc signo vinces.*

Sceau, XVIIIe siècle.

Le Houx du Fief, — du Plessis.

D'argent à une bande d'azur et un chef de gueules chargé d'un soleil d'or.

D'Hozier, mss., p. 999.

Leins (de), v. de Chabannes.

Le Jeune.

De gueules à trois croix recroisettées d'or.

D'Hozier, mss., p. 923.

D'argent à huit merlettes de sable posées en orle.

D'Hozier, mss., p. 1270.

Le Jeune de la Forest, — de la Furjonnière ou Fergeonière, — de Bonnevaux, — de Créquy, — du Pré, — de la Morinière, — du Plessis d'Aubigné, — de la Beurelière, — de la Bruyère, — de Daumeray, — de Saint-Germain, — de Retz, — de Craon, — de Beaujeu ; — dont trois abbés de Saint-Maur, Gaspard, en 1765 ; Eustache, en 1790 ; Jean, gentilhomme de Pierre de Bourbon en 1490 ;

Jean, en 1590, capitaine, chevalier de l'ordre, commandant du château des Ponts-de-Cé ; Françoise, religieuse du Ronceray, abbesse du Pré, à Lisieux, en 1776 ; Jacques, capitaine d'une compagnie du régiment de Navarre, 1628 ; Pierre, François et Jean, lieutenants d'artillerie, 1703 ; Pierre, lieutenant du grand maître de l'artillerie, blessé au siège de Barcelone ; François, chef d'escadre, mort en 1825 ; neuf chevaliers de Saint-Louis, dont Charles, lieutenant au régiment royal d'artillerie, tué en 1711 ; François-Michel, lieutenant au même régiment, tué au siège de Philippsbourg ; Charles-Pierre, lieutenant au régiment du Languedoc, tué en 1756 au Canada ; Jean, lieutenant de vénerie, 1662 ; René, chevalier de Saint-Louis, 1710.

De gueules à un créquier ou arbre d'argent de huit branches, terminées chacune par une feuille en forme de pique, la branche supérieure à senestre, portant un écu d'argent à deux fasces de sable.

Supports : *Deux sauvages.*

Cimier : *Deux cygnes tenant en leur bec un anneau.*

Devise : *Nul s'y frotte !*

D'Hozier, mss., pp. 497, 117. — Mss. 995, p. 122. — Mss. 993. — Le mss. 439 et Audouys, p. 97, disent : *le champ d'argent et un arbre de gueules...* — Gaignières, Armorial mss., p. 11, donne : *le champ d'argent et un arbre à sept branches de sinople...* Roger, mss. 995, pp. 16, 37, et Gencien, mss. 996, p. 42, disent : *D'or au créquier ou arbre de gueules* et l'autre, *écu de gueules...* — D'Hozier, mss., p. 688, donne à la branche de Bonnevaux, les armes suivantes :

D'argent au chevron d'azur accompagné en chef de deux hures de sanglier affrontées de sable, et en pointe d'un sanglier passant aussi de sable.

Voir en outre d'Hozier, Armorial de France, Registre V, partie 1re. — La Chesnaye des Bois, 2e édition, tome VIII, p. 222. — Archives du château de La Rochejacquelein. — Sculpture, tombeau de l'église de Saint-Pierre, à Saumur. — Sceau, XIVe, XVIe, XVIIIe siècles. — D. P.

Le Jeune de la Grandmaison.

De gueules à un cygne d'argent.

D'Hozier, mss., p. 978.

Le Jeune de Malherbe-Folet. — de Manteaux.

D'argent à un chevron d'azur accompagné de trois molettes de gueules, deux en chef et une en pointe.

D'Hozier, mss., p. 727.

Le Jumeau de Perrière, — de Kergaradec, — de Blou, — de Launay, — de Tunes, — de Chennes.

D'argent à trois bandes d'azur au chef de gueules chargé d'un léopard d'or passant.

D'Hozier, mss., pp. 292, 165. — Audouys, mss. 994, pp. 136, 99. — Le Mss. 439 dit : *D'argent au chef de gueules chargé d'un lion de même...* — M. de Courcy, donne à celle de Blou : *de gueules au léopard passant et contourné d'or...*

Le Lardeux.

D'argent à un taureau de gueules rampant en barre.
D'Hozier, mss., p. 1208.

Guillaume Le Lardeux, curé de Saint-Léonard en 1520, portait :
De... à une fasce de... accompagnée de trois clous de la Passion posés deux et un.
Sculpt. xvie siècle, église Saint-Léonard. — V. Lardeux.

Le Large de la Guillonnière, — de Pierre-Basse, — d'Ervau.

D'azur à deux fasces d'argent chargées de trois annelets de gueules, deux sur la première fasce et un sur la deuxième.

Audouys, mss. 994, p. 106.

Le Liepvre.

D'argent à une barre de sable, écartelé de sable à une barre d'argent.
D'Hozier, mss., p. 1526.

Le Lièvre.

De sinople à une bande d'or.

D'Hozier, mss., p. 966.

Le Lièvre de la Mazure.

D'argent à trois guidons de gueules.

Audouys, mss. 994, p. 106. — Mss. 995, p. 96.

Le Loup.

De gueules à un loup d'or paré d'argent.

Mss. 993.

Le Loup de Beauchamps, — de Beauchesne, — de la Bachelotière, — de Lépine, — de la Berthelotière, — du Charuau, — de la Ferranderye, — de la Bouchefolière ; — dont René, maire d'Angers en 1524; René, maire d'Angers en 1548.

D'argent à trois pattes de loup de sable.

Gohory, mss. 972, p. 149. — Audouys, mss. 994, p. 101. — Mss. 993. — Gencien, mss. 996, p. 3. — Mss. 703.

Le Loyer de la Brosse ; — dont Pierre, poète et écrivain du XVIᵉ siècle ; François, chanoine de Tours, XVIIᵉ siècle.

D'azur à une palme d'or posée en pal, accostée de deux étoiles de même.

D'Hozier, Armorial mss., p. 1687.

Le Maçon ou Lemaczon d'Auvers-sous-Durtal, — du Petit, — de la Motte d'Ahaire, — de Trèves ; — dont Robert, chancelier de France, mort en 1442.

D'azur à la fasce d'or, accompagnée de trois limaçons issants d'argent, rayés et ombrés d'or (remplacés plus tard par *trois besans d'argent*).

Mss. 995, pp. 76 et 109. — Gencien, mss. 996, p. 51. — Gaignières, Armorial mss., p. 78. — Audouys, mss. 994, p. 126 et 7. — Mss. d'Orléans. — Roger, mss., p. 20. — L'Armorial mss. de 1608, dit simplement : *d'azur à trois besans d'argent.* — V. Le Masson.

Le Maçon ou Lemaczon de Launay, — de la Rivière, — d'Écharbot, — de Nyart ; — dont Michel, procureur du roi, maire d'Angers, 1534, 1535 ; Jean, ministre protestant au XVIᵉ siècle ; Jean, procureur du roi au présidial d'Angers, 1565.

Écartelé aux un et quatre d'argent à un cerf de gueules, branché de sept corps de chaque côté et onglé d'azur ; aux deux et trois d'argent à trois aigles à deux têtes de sable.

Roger, Armorial mss., p. 15. — Audouys, p. 112, dit : *aigles de gueules*, qui est d'Andigné. — Archives dép. E, 758. — Mss. 995, p. 118. — Michel, maire d'Angers, ne portait que le premier quartier de ces armes. — Gencien, mss. 996, p. 3. — Mss. 703. — V. Lemasson.

Le Maczon.

D'azur à trois fasces muraillées et crénelées d'or au lion losangé d'or et de gueules brochant sur le tout.

Généalogie des de Quatrebarbes.

Le Maignan de la Touche-Baranger, — du Marais, — des Boiseries, — de Chastelier, — de la Roche-Brochard, — des Molands ; — dont Julien, lieutenant-criminel à Baugé, député à l'Assemblée constituante, à la Convention et aux Cinq-Cents ; Louis, sous-préfet de Baugé en 1804.

De gueules à la fasce d'argent chargée de trois coquilles de sable.

Audouys, p. 116. — Mss. 993. — Gencien, mss. 996, p. 54, dit : *coquille d'or.* — Le mss. 439, dit : *bande* au lieu de *fasce*, que portait Louise Baudry–d'Asson, veuve de Henri Le Meignan de Montchenin en 1697 (D'Hozier, mss., p. 650).

Le Mailon de Launay, — de Milon, — de Buzanvaux.

D'azur à une fasce d'or accompagnée de trois besans d'argent, deux en chef et un en pointe.

Audouys, mss. 994, p. 122.

Le Maingre ou **Le Meingre** de Bouciquault ou Boucicault, — de Turenne, — de Beaufort, — de la Bourdaisière, — de Saint-Luc, — de Bulbone, — de Roquebrune, — du Bridoré, — d'Étableaux, — de la Bretinière, — de l'Ile-Savogé ; — dont Jean, maréchal de France, comte de Beaufort, 1400 ; Jean, tué à Azincourt ; Geoffroy, chambellan du roi, 1370 ; et Jean, aussi maréchal de France ; Louis, colonel de dragons en Espagne, en 1730.

D'argent à l'aigle à deux têtes éployée de gueules, membrée et becquée de sable.

Baluze, mss. de la Bibliothèque Nationale, tome LXVI, p. 412. — Nobileau, Société archéologique de Touraine, 1872, p. 31. — Audouys, mss. 994, p. 22, donne : *l'aigle de sable parée de gueules et brisée en cœur d'une fleur de lis d'or.*

Le Maire.

De gueules au chevron d'argent accompagné de trois losanges d'argent.

Cauvain. — V. de Launay.

Le Maire de la Roche-Jacquelin ; — dont Guillaume, évêque d'Angers, mort en 1317 ; Jean, son frère, archiprêtre de Saumur en 1294 ; Michel, abbé du Perray-Neuf, 1432.

D'argent semé de fleurs de lis d'azur, au lion de gueules armé et couronné d'azur.

Audouys, mss. 994, pp. 112, 118. — Roger, mss. 995, p. 12, dit : *couronné d'or.* — Gohory, mss. 972, p. 74. — Gencien, mss. 996, p. 53. — Mss. 995, p. 109. — Le mss. 439 dit : *D'azur au lion d'or semé de fleurs de lis de même*, et le mss. 703, dit : *trois trèfles au lieu de semé de fleurs de lis.* — V. le nom suivant pour l'évêque d'Angers, qui était de cette famille.

Le Maire de Launay-Gringuenière ; — dont Philippe, chevalier, célèbre ligueur, 1612 ; Philippe, maréchal des

camps et armées du roi, gouverneur de Tortos, en Cata-
logne, 1655.

De gueules au lion d'or, accompagné de trois trèfles à queue d'or.

Audouys, mss. 994, p. 117. — Ménage, p. 323. — Mgr. Barbier
de Montault (Rép. archéol. de l'Anjou, 1863, p. 271), attribue à
l'évêque d'Angers, les armes ci-dessus, sauf le *champ*, qui est
d'azur, Gencien, p. 52, dit : *trois coquilles* au lieu de *trois trèfles*,
tandis que le mss. 995, p. 118, et M. C. Port, disent : *De gueules
à trois chevrons d'or.*

Le Maire (à Beaufort, xviiie siècle).

De gueules au chevron d'or accompagné de trois trèfles d'or.

Audouys, mss. 994, p. 117.

Le Maire de la Mairerie, v. Remondin.

Le Maistre ou Le Maître d'Armenonville, — de Vaux, — de Monsabert, — de Montmort, — du Bois-Mozé, — du Bois-Bignon, — de la Graffinière, — de Belle-Jambe, — de Fairière.

D'azur à trois soucis d'or posés deux et un.

D'Hozier, mss., p. 72. — Mss. 439. — Audouys, p. 119. —
Mss. 993. — La branche cadette brisait *d'un chevron d'or accompagné de trois soucis d'or.*

Le Maistre (Adrien), abbé de Bourgueil, 1596-1603.

*D'argent au sautoir engrelé de gueules accompagné de quatre
coquilles de même.*

De Vertot, Hist. de Malte, prieuré d'Aquitaine.

Le Male ou **Le Masle** du Mortier, — de Chemant, — de la Roussellière.

D'azur au lion d'or accompagné de trois coquilles de même posées deux en chef et une en pointe.

Audouys, mss. 994, p. 118. — Mss. 439. — D'Hozier, mss., p. 298.

Le Male ou **Le Masle** de Monplan, — d'Écorse, — de la Chevrière, — de la Mothe-du-Pendu ; — dont Jean, écrivain poète du XVIᵉ siècle.

D'argent à trois membres virils pendants au naturel, ornés de leurs poils de sable.

Audouys, mss. 994, p. 117. — Gencien, mss. 996, p. 53.

Le Manceau.

Losangé d'argent et de gueules.

D'Hozier, mss., p. 894.

Lemarchand des Cousteaux.

D'argent à un sautoir d'azur.

D'Hozier, mss., p. 962.

Le Margat, v. de Margat.

Le Marié ou **Gaucher Le Marié** de la Maurinaye, — de l'Espinay, — de Longs-Champs, — du Plessis-de-Chivray, — de la Roussellière ; — dont Philippe, sénéchal et gouverneur de Beaufort, 1689 ; Pierre, échevin d'Angers, 1612 ; Philippe, capitaine de vaisseau, gouverneur de Beaufort, 1690 ; Pierre, abbé du Plessis, 1658 ; Charles, aide de camp de l'armée du roi, exilé en Amérique, 1679.

D'azur à trois losanges d'or posés deux et un.

De Soland, Bull. de 1869, p. 33. — Armorial mss. de Dumesnil, p. 17. — Sculpt. XVIII° siècle, Avrillé, près Beaufort. — Mss. 439 et 993. — Audouys, mss. 994, p. 125. — D'Hozier, mss., pp. 144, 145, 148, 166, 178, 562.

Le Marié de la Crossonnière, — du Plessis-de-Chivray.

D'argent à la bande de gueules, à la fasce d'azur brochant sur le tout.

Sceau. — D. P.

Le Masle, v. Le Male.

Le Masson de Trèves ; — dont Robert, (?) bailli de Châteaudun, juge ordinaire d'Anjou, maître des requêtes, chancelier de France, mort en 1442 ; Suzanne, abbesse du Perray-aux-Nonains, 1584.

D'azur à trois fasces crénelées d'argent, au lion losangé d'or et de gueules couronné d'argent, armé et lampassé de gueules, brochant sur le tout.

Gencien, mss. 996, p. 51. — Audouys, mss. 994, p. 114. — Mss. 703. — V. Le Maczon.

Le Masson du Haras.

De sinople à un château d'argent maçonné de sable.

D'Hozier, mss., p. 881.

Le Maugat, v. du Margat.

Le Meignan, v. Le Maignan.

Le Meingre, v. Le Maingre.

Le Melley de Sainte-Vierge.

De gueules à cinq besans d'argent en chef.

Mss. 439.

Le Mercier.

De gueules à deux fasces d'argent.

D'Hozier, mss., p. 983.

Le Merle (à Baugé).

D'argent au chevron d'azur accompagné de trois merlettes de sable posées deux et une.

Sceau.

Le Merle de la Motte, — de la Verderie.

De gueules à trois chiens d'argent, courants l'un sur l'autre.

D'Hozier, mss., p. 924.

Lemerye (de).

D'or à trois arbres de sinople.
Sceau.

Le Mesle.

De gueules à une aigle d'argent.

D'Hozier, mss., p. 978.

Le Metayer du Parvis.

De gueules à six chevrons d'argent.

Audouys, mss. 994, p. 123, d'après le Cartulaire de la Haie-aux-Bons-Hommes. — Roger, mss. 995, p. 16. — Gencien, mss. 996, p. 57. — Gohory, mss. 972, p. 36.

Lemeusnier (Aubin), abbé de Pontron en 1439.

Le Michel, v. Michel.

Lemoine.

D'argent à sept losanges de gueules, posés trois, trois et un.

Gaignières, Armorial mss., p. 22. — Audouys, mss. 994, p. 110. — Gohory, mss. 972, p. 120.

Lemoine du Margat.

De sable à trois fasces d'or.

Audouys, mss. 994, p. 121. — Gencien, mss. 996, p. 52. — V. du Margat.

Le More.

D'or à un maure de sable tenant de sa main dextre un arc de gueules et en sa senestre une flèche de sable ferrée d'argent.

D'Hozier, mss., p. 895.

Le Motteux du Plessis.

D'azur à un chevron d'or accompagné en chef de deux étoiles d'or et en pointe d'une aigle éployée aussi d'or.

Cauvain, Armorial du Maine.

Le Moyne.

D'or à trois fasces de sinople.

D'Hozier, mss., p. 970.

Lenay (de), v. Leroux.

Lenfant.

De sinople à une bande d'or, écartelé d'or à une bande de gueules.

D'Hozier, mss., p. 1505.

Lenfant de Louzil, — de la Fenaie, — de la Brancheraie.

D'or à cinq cotices de sable.

Gohory, mss. 972, p. 39. — Audouys, mss. 994, pp. 105 et 106. — Ménage, p. 303. — Armorial mss. de 1608, p. 21. — Roger, mss. 995, p. 16 — Gencien. mss. 996, p. 47. — Gohory, p. 130 et le mss. 703, disent aussi : *d'azur à la bande d'argent coticée d'or.*

Lenfant de Bois-Moreau, — de la Patrière, — de Cimbré, — d'Espeaux, — du Bordage, — de la Gurelière.

De gueules à trois fasces d'or.

Mss. 995, p. 86. — Roger, mss. 995, p. 9. — Armorial mss. de 1608, p. 21. — Gencien, mss. 996, p. 46. — Gohory, mss. 703, p. 27. — Le mss. 439, D'Hozier, mss., p. 150, Audouys, mss. 994, p. 103, renversent les émaux. — Gencien, p. 47, d'après le Cartulaire de la Haie-aux-Bons-Hommes, dit : *d'argent à trois fasces de gueules.*

Lenfant de Varennes, — de Locrist, — du Bois-Moreau, — des Coiches, — de Louzil, — des Essarts, — de la Blancheraie.

D'azur à la bande d'argent accompagnée de deux filets ou cotices d'or.

Audouys, mss. 994, p. 105. — Mss. 439. — Gencien, mss. 996, p. 47.

Lenfantin.

D'or à un sautoir de gueules.

D'Hozier, mss., p. 1200.

Le Noble.

D'argent à un lion d'azur.

D'Hozier, mss., p. 872.

Le Noir de Pasdeloup, — de la Vau.

D'argent à trois écussons d'azur posés deux et un accompagnés de six mouchetures d'hermines de sable, trois en chef, deux en flanc et une en pointe, et une étoile de gueules posée en abîme.

D'Hozier, mss., p. 168. — Le Mss. 439, dit : *d'azur à trois écussons d'argent et sept mouchetures d'hermines.*

Le Noir de la Cochetière, — de Chanteloup, — des Ormeaux ; — dont Charles, bailli du comté du Lude, 1754 ; Louis notaire à La Flèche, 1709-1765 ; Pierre, conseiller, clerc au présidial, curé de La Flèche en 1701 ; Alexandre, commandant des mobiles de Maine-et-Loire en 1870 ; Henri, capitaine au même régiment, 1870.

D'argent à trois têtes de maure de sable, tortillées d'or, posées deux et une.

Devise : *Nomine niger, corde candidus.*

Audouys, mss. 994, p. 128. — D'Hozier, mss., p. 345. — Sceau. — de Montzey, La Flèche, tome II, p. 298.

Lenoncourt (Robert de), archevêque de Tours, 1484-1508.

D'azur au sautoir d'or cantonné de quatre roses de...

Carré de Busserolle, d'après sculpture du tombeau.

Lenoncourt (de) de Balleville, — de Loches, — d'Y-sur-Thil, — de Harouel, — de Vignery, — de Neuvron, — de Blainville, — de Leymont, — de Colombey, — de Serres, — d'Ormes, — de Chalant, — de Marolles, —

d'Avé, — de Chauffour, — de la Marche, — de Souvigny, — de Gondrecourt; — dont Philippe, écuyer d'écurie du roi René d'Anjou et son lieutenant en Barrois, chevalier du Croissant.

De... à la croix engrelée d'azur chargée d'un croissant de...

Mss. 993 et 999. — Le P. Anselme, tome II, dit : *d'argent à la croix engrelée de gueules*, comme Duchesne, Hist. des Montmorency, p. 644. — Robert de Lenoncourt, archevêque de Tours (1484-1508), portait : *d'azur au sautoir d'or cantonné de quatre roses de...* — Le mss. 995, p. 69 et Gencien, mss. 996, p. 44, donnent à la famille de Lenoncourt : *d'argent à la croix engrelée de gueules.*

Le Normand de Salverte; — dont François, maréchal des logis du roi dans les provinces d'Anjou et Poitou, anobli en 1605, fils de François, maréchal des logis du ban et de l'arrière-ban en Anjou et en Poitou.

D'azur à un lion léopardé d'or, le chef de gueules soutenu d'argent, chargé d'un léopard d'or.

Armoriaux de Courcy et de Busserolle.

Lens (de) d'Annequin, — de Lowez, — de Hourdes, — d'Aubigny; — dont Baudouin, chambellan du roi, gouverneur de Lille, tué à Cocherel en 1364; un inspecteur d'Académie à Angers en 1868.

Écartelé aux 1 et 4 d'or, aux 2 et 3 de sable.

Sceau. D. P. — La Chesnaye-Desbois, t. XI, p. 864.

Lentivy (de), v. de Lantivy.

Léon (de).

D'argent au lion de gueules.

Mss. 995, p. 55.

Le Page.

D'azur à une fasce d'or.
D'Hozier, mss., p. 982.

D'or à un paon d'azur.
D'Hozier, mss., p. 1346.

D'argent à une bande de gueules.
D'Hozier, mss., p. 923.

Le Paigné de l'Escoublière.

De gueules à trois peignes d'or posés deux et un.
Armorial de Courcy. — V. Le Peigne.

Le Pannetier de la Planche, — de Tiercé.

De sable à cinq burelles d'argent, au quartier de gueules chargé d'un lion d'argent.
Audouys, mss. 994, p. 136. — Roger, mss. 995, p. 10. — Gencien, mss. 996, p. 58. — Gohory, mss. 972, p. 39.

Le Pannetier de la Gerbaudière.

D'argent au chevron de gueules accompagné en chef de deux étoiles de... et en pointe d'un paon rouant d'azur.
Sceau. — Audouys, mss. 994, p. 136.

Le Parchinier (Jean), abbé d'Asnière-Bellay, 1560-1580.

Le Pauvre.

D'azur à deux bourses d'or et une d'argent, posées en fasce.
D'Hozier, mss., p. 1278.

Le Pauvre de Carbel, — d'Écuillé.

De gueules à trois fasces d'argent à la bande d'azur chargée de trois lionceaux passants d'or brochant sur le tout.

Gohory, mss. 972, p. 38. — Audouys, mss. 994, p. 136. — Roger, mss. 995, p. 16. — Gencien, mss. 996, p. 55, d'après le Cartulaire de la Primaudière, 1230. — Gaignières, Armorial mss., p. 23, donne aux Le Pauvre : *le champ d'argent à trois fasces de gueules.*

Le Pauvre de Lavau, — de Luc, — de Saint-Macaire, — de Lué, — de Segré.

D'argent à la bande de sinople brisée d'un lambel d'azur.

Audouys, mss. 994, p. 138. — Mss. 703. — Gencien, mss. 996, p. 55 et Gaignières, Armorial mss., p. 23, disent :

D'argent à trois lambels de trois pendants de gueules posés l'un sur l'autre.

Gohory, mss. 972, p. 86, et Audouys, mss. 994, p. 136, donnent : *les trois lambels de sable au lieu de gueules.*

Le Pays de Bourgjolly.

D'argent à un chevron de sable accompagné en chef de deux hures de sanglier de même, et en pointe d'une rose de gueules boutonnée d'or.

De Courcy, Armorial de Bretagne.

Le Pays-Meslier, v. Pays-Meslier.

Le Peigné, v. Peigné.

Le Pelletier de la Lorie ; — dont Jean-Baptiste, grand prévôt d'Anjou, prieur de Sainte-Jammes, près Segré, et de la Magdelaine de Pouancé, 1685, écrivain angevin.

De vair à un chevron d'hermines brochant sur le tout.

D'Hozier, mss., pp. 888, 895.

Le Pelletier.

D'argent à un arbre arraché de sinople, accompagné de trois roses de gueules une à dextre, une à senestre, et une en pointe.

Cauvain, Armorial du Maine.

Le Pelletier d'Aunay.

D'azur à une fasce d'argent chargée d'un croissant de gueules, accompagné de trois étoiles d'azur, deux en chef et une en pointe.
Sceau.

Le Pelletier de la Tremblaie.

D'or à trois hures de sanglier de sable.
D'Hozier, mss., p. 89.

Le Pelletier des Forts, — de Saint-Fargeau ; — dont un ministre d'État; Michel, évêque d'Angers en 1692; Charles, abbé de Saint-Aubin d'Angers en 1689.

D'azur à une croix pattée d'argent, chargée en cœur d'un chevron de gueules qui est accosté de deux molettes de sable et accompagné en pointe d'une rose de gueules boutonnée d'or.

Support : *Deux licornes.*

D'Hozier, mss., pp. 79, 76. — Audouys, mss. 994, p. 139, dit : *accostée de deux étoiles de sable* au lieu de *deux merlettes.* — Sculpt. xviii⁺ siècle, Hôtel de la Préfecture d'Angers.

Le Pelletier de Saint-Denis d'Anjou.

De gueules à la peau d'hermines.

Autrefois cette maison portait :

D'azur à trois vases d'or en forme de coquemar, posés deux et un, à une molette d'éperon d'or en chef.
Audouys, mss. 994, p. 142.

Le Perché.

. *D'azur semé de billettes d'or au lion de même.*

Histoire de Sablé, pp. 303, 305. — Audouys, mss. 994, p. 140. — Gohory, mss. 972, p. 120. — Gencien, mss. 996, p. 57.

Le Petit de la Roirie.

De sable à trois croix pattées d'or, au cœur posé en abîme.

Armorial mss. de Dumesnil, p. 17.

Le Petit de la Bennerie.

De sable à la bande d'argent chargée d'un lion de gueules.

Armorial mss. de Dumesnil, p. 17. — D'Hozier, mss., p. 523.

Le Picart.

D'argent à un lion de gueules rampant contre un bâton d'épines de sinople alaisé et posé en bande.

D'Hozier, mss., p. 505.

Le Picart du Chatellier, — de la Grandmaison.

D'azur à la fasce d'argent chargée de trois coquilles de gueules et accompagnée de trois pommes de pin d'or posées la pointe en haut, deux en chef et une en pointe.

Mss. d'Orléans. — Audouys, mss. 994, p. 133.

Lepissier.

D'or à un tonneau de sable.

D'Hozier, mss. p. 1256.

Le Poictevin.

D'azur, semé de pommes de pin d'or la tige en bas, et un chef d'argent, chargé de trois trèfles de gueules.

D'Hozier, mss., p. 64. — D'Hozier, mss., p. 1033, donne aux Poitevin de l'Isle : *D'azur aux trois pommes de pin d'or.*

Le Poictevin du Plessis, — des Portes.

Losangé d'hermines et de gueules au chef d'or chargé d'un lion léopardé de sable.

Audouys. mss. 994, p. 137. — Mss. 439.

Le Porc de la Porte de Vezins, — de Marolles, — de Lespinnaingre, — de la Bonnehardière, — de la Bouverie, — de Pordhic, — de Larchal, — de la Noue, — de Villeneuve, — du Plessis-Casson.

Écartelé : aux un et quatre d'argent au porc ou sanglier de sable, défendu et clariné d'argent, qui est Le Porc ; *aux deux et trois de gueules à un croissant montant d'hermines resarcelé d'or*, qui est de la Porte de Vezins.

Support : *Deux hermines.*

Histoire de Sablé, p. 395. — Audouys, mss. 994, p. 135. — Mss. 995, p. 85. — Gencien, mss. 996, p. 55. — M. de Courcy donne à la branche de Vezins : *écartelé aux un et quatre d'or* au lieu *d'argent.* — L'évêque de Saint-Brieuc écartelait les armes citées plus haut, au troisième de la Tour-Landry et au quatrième de Rohan. — V. de la Porte.

Le Port (R. P. Marie-Michel), premier abbé de Notre-Dame-de-Bellefontaine de 1828 à 1830.

N'avait pas d'armoiries et se servait d'un sceau ovale représentant une vierge-mère, couronnée, sur un piédestal, avec cette légende : *Sig [illum] Mon [asterii] B [eatæ] Mariæ de Bono auxilio de Belfonte.*

Sceau. D. P.

Le Poulchre de la Benestaye, — des Briottières.

De gueules au lion d'or, parti d'argent à trois bandes d'or à la bordure endanchée de gueules.

Audouys, mss. 994, p. 132. — Gencien, mss. 996, p. 56. — Roger, mss. 995, p. 71. — Gaignières, Armorial mss., p. 15 et Audouys, mss. 994, p. 134, disent : *le champ d'azur au lion d'or.*

Le Poulchre de la Motte-Messemé, — de la Pou-
queraye.

*D'argent à la fasce d'azur, accompagné de trois roses de gueules,
posées deux en chef et une en pointe.*

Audouys, mss. 994, pp. 132, 134. — Gencien, mss. 996, p. 56.
— Roger, mss. 995, p. 8. — Gaignières, Armorial mss., p. 15. —
Mss. 995, p. 93. — Audouys, mss. 994, p. 134, Roger, mss. 995,
p. 14, disent aussi :
D'argent à la fasce de gueules et trois tourteaux d'azur.

Le Prestre de Menencourt; — dont Nicolas, conseiller
au Parlement de Paris, prieur du Moul, 1651.

*D'azur au chevron d'or accompagné de deux besans en chef et
d'une couronne de même en pointe.*

Sceau, xvii⁰ siècle.

Le Prévost.

De gueules au sautoir d'argent chargé de cinq étoiles de même.

Audouys, mss. 994, p. 137. — V. Augé.

Le Prévost ou **Prévost** d'Augé, — de Bonnezeaux,
— de Saulgé-l'Hôpital, — du Fresne.

*D'argent au sautoir dentelé de gueules, cantonné de quatre têtes
de maure de sable tortillées d'or.*

Audouys, mss. 994, p. 137. — Gaignières, Armorial mss.,
p. 39. — D'Hozier, mss., p. 139. — Mss. 439. — Gohory, mss. 972,
p. 108. — D'Hozier, mss., p. 133 et le mss. 439, disent : *sautoir
de gueules dentelé de sable, et tête de maure bandées d'argent.*
— V. Prévost de Bonnezeaux et Augé.

Le Prey d'Igny.

D'argent à trois pals de sable.

Mss. 995, p. 53.

Lepronnière (de), v. de Pierres et de l'Esperonnière.

Lequacoisin.

D'or à un chevron de gueules accompagné de trois roses de même, deux en chef et une en pointe.

D'Hozier, mss., p. 503.

Lerat, v. Lesrat.

Lerbette.

De gueules à une barre d'argent, écartelé d'argent à une fasce de gueules.

D'Hozier, mss., p. 1511.

Lerbière (de), v. Duvau.

Le Restre.

D'azur à trois chevrons d'argent.

D'Hozier, mss., p. 881.

Le Restre de l'Aubinnière.

D'argent à la barre de sable chargée de trois étoiles d'or accompagnées de deux cœurs de gueules.

Audouys, mss. 994, p. 149. — Armorial mss. de Dumesnil, p. 18. — D'Hozier, mss., p. 512 et le mss. 439, disent : *un pal de sable...* d'autres disent : *une bande.*

Leriers (de) du Bouchet, — de Saint-Georges.

D'azur semé de larmes d'or au lion de même armé et couronné de gueules.

Gencien, mss. 996, p. 56.

Leriers de la Fouche.

D'azur à trois crousilles d'or

Mss. 995, p. 121.

Le Roux.

De sable à deux chevrons d'argent.

D'Hozier, mss., p. 1135.

D'or à un loup de gueules.

D'Hozier, mss., p. 979.

Le Roux de la Roche-des-Aubiers, — de l'Orvoire, — de Mazé, — de la Couroie, — de la Guibertière, — de la Boussonnière, — de Lenay, — du Tourguionneau, — de Montagu, — de Tillières, — de Ruchesnes, — d'Argentré, — de la Tour de Menives, — de Tenu, — de Corron, — de la Pille-Saint-Mars, — du Bas et Hault Chemans, — de Montrive, — du Pont-Saneau, — de Chetigné, — de Salvert ; — dont Léonard, maître-école et doyen de l'église du Mans, 1555 ; Timoléon, chevalier, commissaire d'artillerie, mort en 1769 ; Emmanuel, premier écuyer du prince de Condé, 1629.

Gironné d'argent et de sable de huit pièces.

Mss. 703. — Audouys, mss. 994, pp. 154, 146. — Armorial mss. de Dumesnil, p. 18. — Roger, mss. 995, p. 3. — Gohory, mss. 972, pp. 23, 121. — Gaignières, Armorial mss., p. 14. — D'Hozier, mss., pp. 175, 157. — Mss. 439. — Sculpt. xvᵉ siècle, ch. de Luigné. — Mss. 995, p. 86. — Gencien. mss. 996, p. 60. — D'Hozier, mss., p. 1530, ajoute aux Leroux de Mazé les armes suivantes :

D'or à une barre de gueules, écartelé de gueules à une fasce d'or.

Le Roux (Antoine), abbé de Saint-Georges † en 1535.

De... à la fasce de... chargée de trois croix pattées de... accompagnées de trois molettes de...

Dessin de Gaignières, à Oxford, tome I, p. 5, d'après un tombeau dans l'église de l'abbaye de Saint-Georges. — (Ce nom ne figure pas plus que le suivant sur les catalogues des abbés).

Le Roux (Théodore), abbé de Saint-Georges † 1420.

De... à trois compas de...

Dessin de Gaignières, à Oxford, tome I, p. 5, d'après un tombeau dans l'abbaye de Saint-Georges.

Le Roux (Jean), de Rouen, ancien prieur du Mont des Lépreux, mort en 1400.

De... à la croix de...

Dessin de Gaignières, à Oxford, tome I, p. 5, d'après un tombeau de l'abbaye de Saint-Georges.

Le Roy.

D'argent à une bande de sinople, écartelé de sinople à un pal d'argent.

D'Hozier, mss., p. 1512.

Le Roy de Charost.

D'azur à la griffe de lion appaumée d'argent et soutenue en pointe d'une fleur de lis de même.

Sceau de 1779.

Le Roy de Chavigny ou Chauvigny ; — dont Jacques, abbé de Saint-Florent en 1518 ; et de Cluny, aumônier du Dauphin et des ducs d'Angoumois et d'Orléans, archevêque de Bourges ; et un abbé de Bellefontaine en 1709.

Écartelé : aux un et quatre d'argent à une bande de gueules ; aux deux et trois échiqueté d'argent et d'azur.

Tapisserie de Saint-Florent, 1524, église Saint-Pierre de Saumur. — Gohory, mss. 972, p. 122, dit simplement :

D'argent à la bande de gueules, que portait l'abbé de Belle-fontaine.

Le Roy de la Poterie, — de Champ-de-Manche, — de Mancy, — du Verger; dont un lieutenant pour le roi, à la Guadeloupe, 1748; Louis, chevalier de Saint-Louis, maréchal de camp, député de Maine-et-Loire en 1825; et plusieurs conseillers au Parlement de Bretagne, depuis 1625.

D'azur au chevron d'or accompagné de trois étoiles ou trois ombres de soleil de même, deux en chef et une en pointe.

Mss. 703. — Audouys, mss. 994, p. 146. — de Courcy.

Le Roy du Verger; — dont un général, mort en 1874 (signalé à tort au mot Baron du Verger).

D'azur au chevron d'or accompagné de deux étoiles de même en chef et une tête de cheval d'argent en pointe...

Vitraux de l'église de Seiches.

Le Roy de la Roche-Verouillière ou Verouillerie, — de Beauchesne, — de la Troussière, — du Haut-Tronchais, — de la Roche, — de Cramaillé, — de la Groussinnière, d'Armangis.

D'argent à trois chevrons de sable et une fasce en devise de gueules brochant sur le tout.

D'Hozier, mss., pp. 442, 121. — Mss. 703. — Roger, mss. 995, p. 9. — Mss. 995, p. 87. — Gencien, mss. 996, p. 60. — Gohory, mss. 972, p. 32, donne aux Le Roy de la Roche-Verouillière : *D'argent à trois chevrons de sable et une bande de gueules brochant sur le tout.* — Audouys, mss. 994, p. 146, dit :

De sable à trois chevrons d'argent à la fasce de gueules brochant sur le tout ;

Ou encore :

D'or à trois chevrons de gueules à la bande de sable brochant sur le tout.

Le Royer de la Motte-Angevin.

D'argent à la fasce cousue d'or chargée d'un lionceau léopardé de gueules ; accompagné de trois chapons de même.

Mss. 703.

Le Royer de la Gravesalière.

Parti d'or et d'azur à une roue dentelée de l'un en l'autre.

D'Hozier, mss., pp. 1413, 1416.

Le Royer de Chantepie.

D'argent à cinq roses de gueules posées en sautoir.

D'Hozier, mss., p. 877.

Le Royer de la Sauvagère, — de Savigny, — de Bois-Taillé, — de la Dauversière, — de la Motte-du-Can, — d'Artezé, — de la Havetalière ; dont François, chevalier de Saint-Louis, ingénieur en chef de la direction des places de la Loire, 1735 ; Félix, officier, historien angevin du xviiie siècle ; Joseph, président au grenier à sel de Candé, 1698 ; Joseph-Jérôme, président, lieutenant général en la sénéchaussée et siège présidial de La Flèche, 1698 ; Pierre, grainetier au grenier à sel d'Ingrandes en 1698 ; Jérôme, fondateur des hospitalières de Saint-Joseph de La Flèche en 1630 ; André, conseiller du roi en la sénéchaussée de La Flèche, 1742.

D'azur à trois roues d'or posées deux et une.

Devise : *Pro fide et patria.*

Supports : *Deux sauvages.*

Audouys, mss. 994, p. 149. — D'Hozier, mss., pp. 562, 346. — Le même, p. 520, dit : *les trois roues d'or armées de gueules.* — Le même encore, p. 1270, dit : *le champ d'argent à trois roues de gueules.*

Lesclos (de), v. d'Ecclesia.

Lescrivain de Bois-Noblet, — de Saint-Marc.

D'azur au chevron d'or accompagné de trois quintefeuilles de même posées deux et une.

Mss. 439. — Audouys, mss. 994, p. 109.

Lescure (Jean-Baptiste de), abbé de Pontron † en 1752, v. Beauchet-Filleau.

Écartelé, aux un et quatre d'azur au lion d'or ; et aux deux et trois d'or au lion d'azur.

La Chesnaye-des-Bois, édition de 1867, tome XI, p. 898.

Lescut (de) de Sacé ; — dont Louis, écuyer d'écurie de Louis, duc d'Anjou ; Hardy, chambellan du duc d'Anjou ; Louis, capitaine de cent lances, au service du roi de Sicile, duc d'Anjou.

D'or au lion de sable armé et lampassé de gueules, portant sur l'épaule un écusson d'argent.

Audouys, mss. 994, p. 101. La Chesnaye des Bois, tome XI, p. 901.

Lesdiguières (de), v. de Bonnes.

Le Seiller de la Moisinière ; — dont Étienne, grenetier au grenier à sel de Beaufort en 1715 ; Charles, maire de Beaufort, 1787.

D'azur à trois quintefeuilles d'or posées deux et une.

D'Hozier, mss.

Léseau (de) ; — dont Nicolas, prieur de Cléré en 1641.

D'azur au chevron d'or accompagné de trois iris de même, tigés d'argent.

Rep. archéolog. de l'Anjou, 1863.

Le Seiller de la Vente ; — dont Pierre, premier maire perpétuel de Beaufort en 1693.

D'argent à trois bandes de sable et un chef d'azur chargé de trois besans d'or.

D'Hozier, mss., p. 990.

Le Sercillier (André), curé du Voide en 1679-1699.

De sable à deux soleils d'or posés en chef et une croisette de même en pointe.

D'Hozier, mss., p. 322.

Lesmais (de), v. Camus.

Lesnay.

D'azur à trois demi-vols d'or.

Mss. 993.

L'Espagneul de Rillé, — de la Plante, — d'Argonne.

D'azur à trois têtes d'épagneul d'argent, coupées, posées deux et une.

Audouys, mss. 994, p. 69. — D'Hozier, mss., p. 695.

Lesparre (de), v. de Madaillan.

L'Espaye (de).

De gueules à la bande d'argent accompagnée de six annelets d'argent.

Carré de Busserolle, p. 569.

Lespeigné, v. Le Peigne.

Lespine (de); dont Françoise, abbesse de Nyoiseau † en 1522, — v. de l'Espine. — de Marcé.

Lesrat (de) des Briottières, — de Lancrau, — du Plessis-Guerif; — dont Guillaume, lieutenant général du sénéchal d'Anjou, maire d'Angers en 1546-1547, comte du Sacré Palais; Guillaume, président à mortier du Parlement de Bretagne, 1570; Guy, lieutenant général et président du présidial d'Angers; Guy-Guillaume ou Guy-G.-F.-R., capitaine au régiment de Foix-infanterie, 1735, conseiller général de Maine-et-Loire en 1799; plusieurs conseillers au Parlement de Paris.

D'azur à une tête de loup d'or, lampassée de gueules, le chef de gueules.

Dumesnil, Armorial mss., p. 16. — Gohory, mss. 972, pp. 12, 15, 121, 18. — Armorial mss de 1608, p. 21. — Mss. 993, p. 121. — Roger, Armorial mss., p. 14. — D'Hozier, mss., pp. 506, 170, Gencien, mss. 996, p. 4, Audouys, mss. 994, p. 103, donnent : *le chef d'argent* au lieu *de gueules*, ainsi que le mss. 703, qui dit : *le lion lampassé d'or.*

Lestang ou Letang (de), v. Estang. — Étang.

Lestenou (de) de Bouferré, — de la Vernosière, — de la Godelière, — de Chaubruère, — de la Poitevinière.

Écartelé : aux un et quatre de sable au lion d'argent, lampassé de gueules et couronné d'or ; aux deux et trois d'azur à un bouc d'argent ferré d'or et rampant contre un chêne englanté au naturel, qui est de Bouferré.

Cimier : *Un lion issant d'argent entre deux vols bannerets.*

Supports : *Deux lions de même.*

L'Hermite-Soulier. — Audouys, mss. 994, p. 107. — **Mss. 993.** — Le mss. 439 dit : *de gueules au lion d'argent.*

C'est depuis son alliance avec la famille de Bouferré, que les Lestenou ont écartelé *aux un et quatre*, comme ci-dessus.

Lestourbeillon de la Beschère, — de Basse-Cour.

D'argent au griffon de sable, armé et lampassé de gueules.

Devise : *Crains le tourbillon.*

D. P. — Sceau.

Lestrange (Dom Augustin), trappiste de Bellefontaine de 1823 à 1825.

Se servait d'un sceau semblable à celui du premier abbé, le R. P. Le Port. (V. ce nom).

Le Tellier.

De gueules à trois croix recroisettées d'or.

D'Hozier, mss., p. 1015.

D'or à une aigle de sable.

D'Hozier, mss., p. 1020.

D'azur à trois lézards d'argent au chef cousu de gueules, chargé de trois étoiles d'or.

Mss. 993.

Letort.

D'azur au lion d'or la queue fourchée passée en sautoir.

D'Hozier, mss., p. 880.

Letourmy.

D'argent à dix étourneaux de sable, posés trois, trois, trois et un.

D'Hozier, mss., p. 1390.

Letourneux.

D'hermines à une fasce de gueules.

D'Hozier, mss., pp. 886, 895.

Le Tourneux de Meherou.

D'azur à un croissant d'argent surmonté d'une étoile (sic).

D'Hozier, mss., p. 950.

Le Tourneux de la Perraudière, — de Cantenay, — d'Avrillé, — de Beaumont, — de la Roche-aux-Moines ; — dont René, lieutenant des maréchaux de France en Anjou, 1779, conseiller général de Maine-et-Loire, 1817.

D'azur au chevron d'argent chargé de trois mouchetures d'hermines, surmonté d'un croissant d'or et accompagné en chef de deux têtes d'aigle de sable et en pointe d'une tour d'argent maçonnée de sable.

Audouys, mss. 994, p. 170. — M. de Soland, Bulletin de l'Anjou, 1869, d'après un ancien Armorial, dit : *D'argent au chevron d'azur accompagné en chef d'un croissant de gueules et de deux têtes d'aigle arrachées de sable et en pointe d'une tour de sable.* — M. de Busserolle donne : *le chevron accompagné de deux têtes de licorne* (au lieu *d'aigle*), *et d'un croissant et d'une tour, le tout d'argent.*

Le Tourneux d'Avrillé.

D'or à trois hures de sanglier de sable, armées d'argent, posées deux et une.

Sceau.

Lettricourt.

D'argent à la fasce de sable, au lion léopardé de gueules en chef.

Gencien, mss. 996, p. 44.

Leucheraie (de), v. de Goddes.

Le Vacher de la Chaize, — d'Alancé, — de Saint-Germain.

D'or à trois rencontres de vaches de gueules, deux en chef et une en pointe.

D'Hozier, mss., pp. 301, 348, 345. — Mss. 995, p. 103. — Gencien, mss. 996, p. 67. — Le mss. 439 donne aux Le Vacher de la Chaize : *écartelé aux un et quatre comme ci-dessus ; aux deux et trois d'azur à deux lions affrontés d'or.*

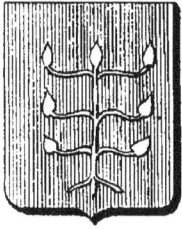

de Haies
de Cry.

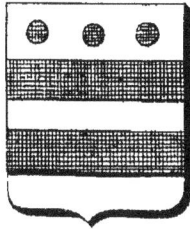

de Hallot.

Hamelin
du Boys

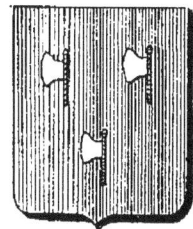

de Hamon.

Haran
de la Barre

d'Harcourt.

du Hardas

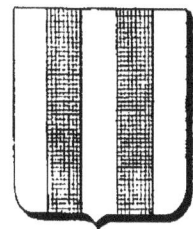

de Harlay

Havard
de la Blotterie

Héard
de Boissimon

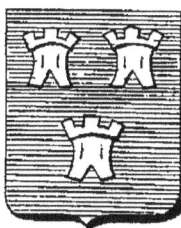

Hector
de Tirpoil.

d'Héliand.

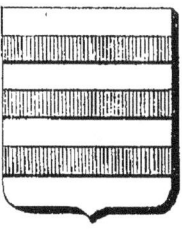

des Herbiers
de l'Estanduère.

de Hillerin.

Hiron.

de l'Hommeau.

34.

L.

PRINCIPALES ABRÉVIATIONS USITÉES DANS L'ARMORIAL

P. Anselme. — La science héraldique, 1675, in–4°. — Histoire généalogique de France, 9 vol. in–fol., 1726.

Armorial mss. de 1608. — Dans le recueil mss. 995 de la Bibliothèque d'Angers.

Audouys, mss. 994. — Armorial du xviii° siècle, mss. 994 de la Bibliothèque d'Angers.

Ballain. — Annales d'Anjou, mss. 867 de la Biblioth. d'Angers.

Beauchet–Filleau. — Dictionnaire général du Poitou, 1849–1854, 2 vol. in–8°.

Bruneau de Tartifume. — Angers, mss. 871, à la Bibl. d'Angers.

Carré de Busserolle. — Armorial de Touraine publié en 1867, in–8°.

Cauvin. — Armorial du Maine, publié en 1843, in–18. — Supplément par M. de Maude, 1860, in–12.

Chevaliers du Saint-Esprit. — Mss. E. 285, au Prytanée militaire.

De Courcy. — Armorial de Bretagne, publié par Potier de Courcy en 1862, 2° édition, 3 vol. in–4°.

D. P. — Note communiquée.

Dumesnil. — Armorial de Dumesnil d'Aussigné, xvii° siècle, dans le recueil mss. 995 à la Bibliothèque d'Angers.

Gaignières. — Armor. mss. de Gaignières, à la Biblioth. nationale.

Gencien. — Armorial (attribué jusqu'ici à Gohory) dressé par Gencien d'Erigné, xviii° siècle. mss. 996 de la Bibl. d'Angers.

D'Hozier mss. — Armorial général officiel dressé de 1696 à 1706, mss. de la Bibliothèque nationale, — généralité de Tours (à moins d'indications contraires).

La Chesnaye–des–Bois. — Dictionn. de la noblesse. édit. de 1869, 15 vol. in–4°.

Lehoreau. — Cérémonial de l'église d'Angers, 1692-1720, mss. à la bibliothèque de l'Evêché d'Angers.

Louvan Geliot. — La vraie et parfaite science des armoiries, in-fol., 1664.

Mss. 14. — Généalogies angevines, 1666, originaux du cabinet des titres, à la Bibliothèque nationale.

Mss. 439. — Maintenue de la noblesse de la généralité de Tours, en 1666, mss. à la Bibliothèque nationale.

Mss. 703. — Arm. mss. d'Anjou du xviii° siècle, Bibl. nationale.

Mss. 972 et 983. — Arm. mss. de Gohory, 1608, Bibl. nationale.

Mss. 993. — Collection de notes héraldiques, recueil de la Bibliothèque d'Angers.

Mss. 995. — Armor. mss. du xvii° siècle, à la Biblioth. d'Angers.

Mss. 999 à 1001. — Armoriaux des chevaliers du Croissant, xvii° siècle, à la Bibliothèque d'Angers.

Mss. d'Orléans. — Armorial d'Anjou, dressé en 1698, mss. à la Bibliothèque d'Orléans.

Ménage. — Histoire de Sablé (première partie), 1683.

C. Port. — Diction. de Maine-et-Loire, 3 vol. in–8° (1869–1878).

Roger, mss. — Rôle des nobles, écrit par B. Roger au xvii° siècle, mss. 995 de la Bibliothèque d'Angers.

Sainte-Marthe. — Histoire généalogique de France, 2 vol. in-fol., 1628.

Sceaux. — Sceaux d'après les empreintes ou les matrices.

Versailles, croisades. — Peintures de la salle des Croisades, palais de Versailles.

OUVRAGES RELATIFS A L'ANJOU ET AU MAINE

MONOGRAPHIE DE NOTRE-DAME DE BEAUFORT, église et paroisse, de l'origine jusqu'à nos jours, par M. Joseph DENAIS. — Un beau vol. in-8°, gravures et plans.
Le même, in-12 de 563 pages, gravures et plans, 4 fr.

HISTOIRE DE L'HOTEL-DIEU DE BEAUFORT (1412-1871), par le même auteur. — In-12 en deux couleurs, 1 fr. 50.

UNE MAISON D'ÉDUCATION PENDANT TROIS SIÈCLES : le collége de Beaufort fondé en 1577, par le même auteur (*pour paraître prochainement*).

LE CHATEAU DE BEAUFORT, ses comtes et ses seigneurs, par le même auteur (*en préparation*).

LE PAPE DES HALLES, RENÉ BENOIST, angevin, évêque de Troyes, surintendant du collége de Navare, conseiller du roi, doyen de la Faculté de Théologie de Paris, confesseur de Marie Stuart et de Henri IV, curé de Saint-Eustache de Paris (1521-1608), par le même auteur. — In-8°, papier vergé de Hollande, portrait sur cuivre du XVII° siècle, 5 fr.

L'ABBAYE DE CHALOCHÉ, au diocèse d'Angers (1119-1790), par le même auteur. — In-8°, papier de Hollande.

JEAN TARIN, angevin, recteur de l'Université de Paris (1580-1666), par le même auteur. — Brochure in-8°, papier de Hollande.

OLIVIER LEVÊQUE ET LA FONDATION DU COLLÉGE DE SABLÉ EN 1602, par le même auteur. — In-8°, papier de Hollande.

LES VICTIMES DE QUIBERON, d'après le manuscrit du général Lemoine, par M. Joseph DENAIS. — In-8°, papier de Hollande, 3 fr.

DAVID D'ANGERS, sa vie, son œuvre, ses écrits et ses contemporains, par M. Henry JOUIN, ouvrage couronné par l'Académie française. — 2 vol grand in-8° richement illustrés. Prix : 50 fr. Sur papier de Hollande, 200 fr.

OUVRAGES RELATIFS A L'ANJOU ET AU MAINE

MONOGRAPHIE DE NOTRE-DAME DE BEAUFORT, église et paroisse, de l'origine jusqu'à nos jours, par M. Joseph DENAIS. — Un beau vol. in-8°, gravures et plans.
Le même, in-12 de 563 pages, gravures et plans, 4 fr.

HISTOIRE DE L'HOTEL-DIEU DE BEAUFORT (1412-1871), par le même auteur. — In-12 en deux couleurs, 1 fr. 50.

UNE MAISON D'ÉDUCATION PENDANT TROIS SIÈCLES : le collége de Beaufort fondé en 1577, par le même auteur (*pour paraître prochainement*).

LE CHATEAU DE BEAUFORT, ses comtes et ses seigneurs, par le même auteur (*en préparation*).

LE PAPE DES HALLES, RENÉ BENOIST, angevin, évêque de Troyes, surintendant du collége de Navare, conseiller du roi, doyen de la Faculté de Théologie de Paris, confesseur de Marie Stuart et de Henri IV, curé de Saint-Eustache de Paris (1521-1608), par le même auteur. — In-8°, papier vergé de Hollande, portrait sur cuivre du XVII° siècle, 5 fr.

L'ABBAYE DE CHALOCHÉ, au diocèse d'Angers (1119-1790), par le même auteur. — In-8°, papier de Hollande.

JEAN TARIN, angevin, recteur de l'Université de Paris (1580-1666), par le même auteur. — Brochure in-8°, papier de Hollande.

OLIVIER LEVÊQUE ET LA FONDATION DU COLLÉGE DE SABLÉ EN 1602, par le même auteur. — In-8°, papier de Hollande.

LES VICTIMES DE QUIBERON, d'après le manuscrit du général Lemoine, par M. Joseph DENAIS. — In-8°, papier de Hollande, 3 fr.

DAVID D'ANGERS, sa vie, son œuvre, ses écrits et ses contemporains, par M. Henry JOUIN, ouvrage couronné par l'Académie française. — 2 vol grand in-8° richement illustrés. Prix : **50** fr. Sur papier de Hollande, 200 fr.

www.ingramcontent.com/pod-product-compliance
Lightning Source LLC
Chambersburg PA
CBHW070905280326
41934CB00008B/1595